感動集客

0《ゼロ》から「価値」を生み出す
売り上げを「劇的」に飛躍させていく仕組み

感動集客 代表
松野正寿
Masatoshi Matsuno

KKロングセラーズ

あなたのホームページやブログには、
「本当に来て欲しいお客さま」は集まっていますか？

はじめに

この書籍は、ただの集客本ではありません。

あなたに「感動を生み出す集客」ができるようになってもらうための本です。


インターネット集客の基礎を学び、上手く活用すれば、時代が変わっても、自分の力だけで「ネット集客」ができるようになります。


今は、インターネットを利用するのが当たり前の時代になっています。

多くの企業や、個人事業主の方も、ホームページやブログを普通に運営している時代です。

しかし、ただ公開しているだけで、本当にきてほしい見込み客となる方を、インターネット経由で安定して集めることは、ほとんどできていないと思います。


「ネット集客は難しいよ」

「プロに入ってもらわないとできないよね」

と言う方がとても多いのですが、必要な基礎力を身につけて、しっかりと実践していけば、自分の力で、見込み客を集めることは必ずできます。

もちろんプロの人がやるようなスキルや、テクニックが必要な場合もあります。

しかし、大手企業が手掛けるような広告戦略が、個人事業や中小企業に本当に必要なわけではありません。

同じ土俵でも負けない戦い方があります。

僕は、店舗経営の個人事業主の方をはじめ、中小企業、インターネットビジネスを個人でしている方、副業でされている方のコンサルティングをさせていただく中で、自分や、会社が豊かになれるだけの集客力や、販売力は必ず自分の力で身につけることができるということを肌で感じています。

あなたの望みを叶えるものを生み出すことができるのは、僕ではありません。

等身大のあなた自身から生まれていきます。

今までのインターネット集客は、どこか機械的で、スキルが重要視されてきました。しかし、インターネットを利用するのは「人」です。買い物をしたり、サービスや情報を探すのも「人」なのです。

人の心が動く瞬間、それは共感や感動をしたときです。

人は何かの悩みを解消するために、インターネットを利用します。そこに対して、あなたの価値観や、あなたが調べたことを、これからブログやホームページの中で、うまく表現すれば、爆発的な集客や販売を生み出すことは可能です。

ただ、大前提として必要なのが、「あなたの想い」なのです。インターネットは、どうしても対面のコミュニケーションと違い、情報量に限りがあります。

あなたが伝えたい内容、お店や商品に込めた想いやコンセプトが曖昧だと伝わりづらいのです。

だからこそ、多くの方が運営はしているけれど、どういう手段で何から伝えたらいいのか、ここがぼんやりとして明確になっていないので、集客や販売がうまくいきません

数ある書籍の中から、この本を見つけてくださって本当にありがとうございます。「感動集客」の松野正寿と申します。この書籍を通じて、あなたに出会えたことが、すごく嬉しいです。

おそらく、この本を手に取っていただいたあなたは、集客について何かしらの悩みや、もしくは興味があるのだと思います。まずは今、この本を手にしてくださっている、あなたがどんな方なのかを知るために、少し質問をさせてください。

ひょっとしたら、今、こういう部分で悩んでいませんか？

- ホームページやブログを作ってみたいけど、テーマが見つからない。
- 実際に何から始めたらいいのかが、まったくわからない。

●個人でお店を経営していて、ホームページやブログを運営はしているけれど、新規顧客が集まらず、問い合わせのメールすらこない。
●SEO対策に高い費用をかけたり、リスティング広告をやっているけれど、費用対効果を得ることができていない。
●商品販売後のリピーター化が、まったくできずに困っている。
●アメブロが店舗集客や販売に向いていると薦められたので、毎日記事を書いてはいるけれど、まったく効果がない。
●フェイスブックをやっているけれど、ただやっているだけで何も広がらず、どうしたら、自分が思っているような成果が出るのか悩んでいる。
●毎日メルマガを書いているけれど、さっぱり反応がない。

なんとなくでも、これらの疑問や、悩みが一つでも当てはまるのでしたら、この書籍が、あなたの人生を変える「キッカケ」になるかもしれません。少なくとも、この本一冊分の代金は取り返せるくらいの内容はお届けできると確信しています。

インターネットが秘めている力は、ご存じの通り凄まじいものがあります。少し強引なやり方をしている人や企業もあるので、人によっては、賛否両論があるかもしれませんね。
ただ、今の時代を生きる僕たちは、何事においても、インターネットを通じて、仕事に活かしたり、コミュニケーションをとったり、何かを調べたりしながら毎日を生きています。

大切なのは、その力をどう使うか?

そして、インターネットの力を活用して、これから「どういう人間になりたいのか」なのです。

例えば、あなたが小さなお店を経営しているオーナーで、近くには、全国チェーン展開をしている同業者のお店があるとします。チェーン展開をしているお店の売り上げを、あなたのお店が超えることは至難の業かもしれません。競争力が違います。

しかしインターネットなら、あるジャンルや商品に特化して、自分の強みをホームページやブログにしっかりと打ち出していけば、全国ナンバーワンにもなれるのです。

ブランディングの面から見ても、今は普通の人だとしても、インターネットの力で「影響力のある人」になることだってできます。

なぜ胸を張って言えるのかというと、この本を書いている僕自身が、ついこの間まで普通にサラリーマンとして一五年の間、働いていた人間だからです。

どんなに凄い人でも、有名な人でも、必ずスタートラインがあります。最初からうまくいく人なんて誰もいません。たとえ紙一枚の進歩だとしても、毎日毎日、繰り返していくだけで大きく成長することができるのです。

できる、できないではなく、やりたいか、やりたくないかの想いの差です。

「簡単に、誰でも、今すぐに集客ができる・稼げます」などの、その場しのぎの言葉は間違っても言えません。ただ、これから本格的に始めたいという方も、現在、うまくいっていない方も、この本にある内容を実践していくと、必ず「感動集客」ができるようになります。

これから、あなたが描こうとしている未来や夢を、目の前の現実にするために、僕と一緒に基礎からしっかりと学んでいきましょう。

今はあなたがメディアになれる時代です。

この感動集客本を通じて伝えたい本質の部分は、そこにあります。

インターネットの力を借りながら、あなたがメディアとなり、そして、あなただけの感動集客を作りあげていきましょう。

インターネットを通じて、今はまだ、あなたのことを知らない「出会うべき人」が、あなたを待っています。

それでは、「感動集客」を始めたいと思います。

この本と、僕に出会ってくださった感謝を込めて、最後までお付き合いいただけると嬉しいです。よろしくお願いいたします。

感動集客　松野正寿

序章 間違った思い込みと先入観を捨てることが、本当のはじまり

第1章 設計図の重要性

第2章 人が集まるコンテンツ作成とデザイン

第3章 テーマに対するソーシャルの役割

第4章 リピートを生み出すメルマガの威力

第5章 感動集客のすすめ

編集協力／陽なた家出版スタジオ
青木一弘
カバーデザイン／井上挙聡

序章

間違った思い込みと先入観を捨てることが、本当のはじまり

人が集まる「場所」がなくなったとき、あなたはどうしますか？

二〇一一年から大ブレイクしたアメブロ、ソーシャルメディアの先駆けとなったツイッター。この波に乗り遅れてはいけないと、集客に悩む多くの方たちが参入をしました。

しかし、ツイッターをはじめ、集客・ブランディング目的で始めたアメブロ利用者の多くが、継続してアクセスを集めることができず、記事も更新を続けることができていません。

当初の目的だった集客・ブランディングもできないまま、なんとなく気が向いたときに、日記を書くだけのブログになっています。

そして、次の波がやってきます。ご存じフェイスブックです。

アメブロはダメだったから、今度はフェイスブックで集客をしよう！

フェイスブックでうまくいけば、自分のアメブロにも集客できるはずだ！

しかし、意気揚々とフェイスブックに登録したにもかかわらず、ここでも結局、日常をアップするだけの繰り返しをしている方が大半を占めているのが現状です。

また、いろいろな所で開催されている、フェイスブック集客セミナーに足を運ばれている光景を目にする機会も多くなりました。

果たして、その中で何割の方が、新規客を集めて、その後のリピーターに繋げることができているのでしょうか？

僕はおそらく多くても一割ぐらいじゃないかなと思います。

表面上のテクニックだけを知ったとしても、本来の目的に届かなければまったく意味がありません。アメブロやフェイスブックはあくまでも手段の一つであり、一企業が提供しているサービスだけで、すべてを完結させることは、長期的にも危険です。

もしも、明日からアメブロや、フェイスブックがなくなったらどうしますか？
どうやってお店や商品の情報を届けますか？

どのような仕組みでリピーターを生み出すのでしょうか？

フェイスブックがなくなることはないと思われるかもしれませんが、ｍｉｘｉバブルのときに利用していたユーザーは、今のように利用者数が減少するなんて、誰も予想できなかったと思います。

表面的な部分だけで、ああすれば良い、こうすれば良いと言われている集客本は、僕の本棚にもたくさんありますし、今のバブルに合わせたソーシャル系のセミナーは、毎週、どこかで開催されています。

ただ、インターネットからの集客や、ブランディングをしたい方が、本当に知りたいことは、そういう表面的なことなのでしょうか？

もちろん、そのような活用本は意味がないと言っているのではありません。

僕がお伝えしたいことは、「活用本を読む前に、本質を知らなくてはいけない」ということ。すなわち「活用する根本となる基礎がないのに、活用ができるはずがない」のです。

だからこそ、その根本となる軸を、「感動集客」を通じて、あなたのネット集客が成功に向かっていくためにお伝えしたいと思っています。

これから一つずつ学んでいただき、実践を続けてもらえれば、仮にアメブロがなくなっても、フェイスブックがなくなっても、自分の力でホームページやブログに、アクセスを呼び込むことができるようにもなります。

これから本書を通して何度もお伝えしていきますが、インターネットの力は、とにかく凄まじいものがあります。

昨今は情報の収集が大事だと言われますが、僕はブレをなくすためにも情報の遮断の方に重きを置いています。

あれも、これもと欲張って収集しても、僕の場合、一日前に食べた昼ご飯を忘れてしまうぐらいですので（笑）。特にネットの場合は、すべてを鵜呑みにせずに、自分の軸を明確にしてから取り組むことが大切です。

そうすれば必ず、あなた自身の力で集客ができるようになります。
結果的に経費を抑えることにも繋がり、売り上げも向上していきます。

そのためには、はじめだけ「非効率」と感じる作業を徹底的にやらなければいけません。しかし、そこを乗り越えた先に、驚くような「効率化」が生まれてくることを、これからの感動集客を通じて実感してくださいね。

その運営費を別のことに使えることを知っていますか？

知り合いに、お店を経営している美容師さんがいます。定期的に髪を切りにいくのですが、先日こんな話になりました。

「松野くんはネットのお仕事だったよね？　この間、店に電話があって、ホームページを見てくれたプロの業者の人が、もっと効率よくアクセスを集めて売り上げを上げられる仕組みがあるって提案されて、思いきって契約したんだよ」

「へ～そうなんですね。ちなみに、おいくらだったんですか？」

「毎月五万円のコンサル料を払う契約になってるよ」

「ちなみに、何に対しての毎月五万円なんですか？」

「いや、ホームページを修正したり、表示させておく運営費と、トラブルを防止するための管理費らしいけど、おれも詳しいことわからないから、まかせっぱなしなんだよね」

また翌月に、伺ったら、こんなお話が追加されていました。

「ホームページの内容を、一部変更するたびに別途料金が掛かる」と請求がきたそうです。

この方と同じように、ネット集客に関する知識が乏しいため、よく内容を把握できていない方が多いのが事実です。

まず、ネットで集客をする、売り上げを上げる前に大切なことは、「自分は、インターネットのことは何も知らないから……」と人任せにしないことです。

特に個人事業主の方は気を付けてほしいと思います。「この人は何も知らないな」と足元を見られてしまったら、後は相手の言いなりです。

ネットの世界は、定価がないので、先ほど例にあげたように、ありもしない理由で値段を決められてしまうことがあります。

「きっと、そういうものなんだろう」「プロが言うから適正価格なのだろう」

と思い込んではいけません。インターネット集客に必要な「基礎知識」を知っておけば、それだけでも費用を抑えることはできるのです。

そのためには、今からでも、根本から知っていこうという気持ちが大切です。もちろん、深い専門知識になるとプロの力が必要になることもあるかもしれません。

しかし、基礎知識は、本を数冊読むだけで身につけることができますし、実践の中で、少しずつわかるようになっていきます。

実際の店舗をイメージしてみてください。いい立地の物件に店を構えようとすると、それなりの経費が掛かります。そして豪華な、設備の整ったお店をつくろうとすると、さらにお金が必要ですよね？

果たして、そのお店は一〇〇％繁盛するのでしょうか？

逆に、立地が悪いところでも、お店にお金が掛かっていなくても、知恵と工夫で繁盛させているお店はたくさんあります。

「感動集客」もまったく同じ。お金はそれほどかかりません。

もちろん、デザインやその他の部分を強化すれば、それだけコストはかかりますが、僕がこの本でお伝えしたい本質の部分は、初心者の方でもあまりお金をかけずにできることばかりです。

これから各章を読み進めていただければ、きっと、納得していただける部分がたくさん出てくると思いますし、きっと行動を起こさずにはいられなくなりますよ。

ブログやホームページは、思い込みや、先入観で作らないこと

インターネットの世界では、個人事業主の方が作成する店舗ブログをはじめ、中小企業のオフィシャルホームページなどのウェブサイトがウェブサイトが無数に存在しています。

なぜ、インターネットの世界では、集客ができるページと、まったく集客ができないページが存在してしまうのでしょうか？

大手だから？

日頃からお金をたくさんかけているから？

プロのデザインが施されているから？


答えは、勝手な思い込みや、先入観でつくられているからです。

思い込みとは、勘違いや早とちりのイメージを正しいと思っていること。

先入観とは、相手のイメージや印象を自分で作って決めてしまうことです。


商売で最初にやるべきことは、お客さまに知ってもらうことです。

いくら良い商品があっても、いいサービスをしても、まずはお客さまに知ってもらわなければどうしようもありません。それはインターネットの世界もまったく同じです。


自分を表現したいだけのブログや、趣味のホームページなら、それでもいいかもしれませんが、思い込みや先入観だけでは、安定して見込み客を集めることはできません。

少し専門的なお話になりますが、根本の部分から見直していかない限り、この状態でSEO対策を施したり、リスティング広告に費用をかけていても、うまくいかないのです。

例えば、多くの人が間違っている思い込みや先入観には左のページのようなものがあります。

こんなふうに、間違ったページの作り方をしていたら、そのなかでいくらデザインを強化したり、自分なりに記事を一生懸命書いても、集客はできないのです。

ブログやホームページには、お店の中と同じように大枠のメニューがあり、複数の商品や内容をわかりやすく見せるためのカテゴリーなどもあるのですが、うまくいかないホームページやブログほど、ここから先入観が入ってしまい、そのまま思い込みで作られています。

そういうふうに作ってしまうと、何かの記事を書こうとしたときに、「えーっと、今日は何について書こうかな？」となってしまうのです。

「今日は○○さんとランチ」みたいな記事を、毎日書いたとしても、アクセスは集まらないですし、商品が売れることもありません。

このような記事で、アクセスを集めることができるのは、芸能人の方や、影響力をもっている方々だけです。

ネット上の思い込みや先入観の例

ブログや、ホームページを作れば、
直ぐに訪問してもらえる

毎日、毎日、記事を書けば、
アクセスが安定してくる

自分が一生懸命書けば、
必ず訪問者や読者には伝わる

ウェブデザイナーさんに依頼をすれば
売り上げがアップする

自分はキーワードを意識して
作っているから大丈夫

アメブロや、フェイスブックを
はじめたから集客に困らない

つまり、本来、あなたがターゲットにしている方が求めている記事ではないのです。

その状態だと、お店の理念も、コンセプトも伝えることができません。

新規客を集めていきたい、お店の価値を伝えていきたい、安定したリピーターを増やしたい、顧客単価を上げていきたいと思われているのであれば、あなたが望む方向に進むためにも、間違った思い込みと、先入観を捨てることが、本当のはじまりです。

感動集客とは?

ネット集客には、大きな一本の流れがあります。ホームページ、ブログ、ソーシャルメディア、メルマガなど集客に必要なツールはたくさんありますが、一つ一つに役割があることを多くの人は知りません。そして、役割を知らずに活用している結果、集客がうまくいっていないのです。コンサルティングをさせていただく中で、すごく感じる部分です。

集客に高度なテクニックはいりません。

●何のためにホームページを運営しているのか。

●何のためにブログに記事を書いていくのか。

これらを一つずつ明確にしてあげるだけで解決できることが多いのです。

「感動集客」では、一本の大きな建物を作っていきます

これから、あなたに感動集客を身につけていただくために、本書では

第1章では、設計図の重要性について。

第2章では、コンテンツ作成とデザインの重要性について。

第3章では、ソーシャルメディアの正しい活用法について。

第4章では、リピートを生み出すメルマガについて。

第5章では、「感動を生み出すあなたになってもらうための考え方」について。

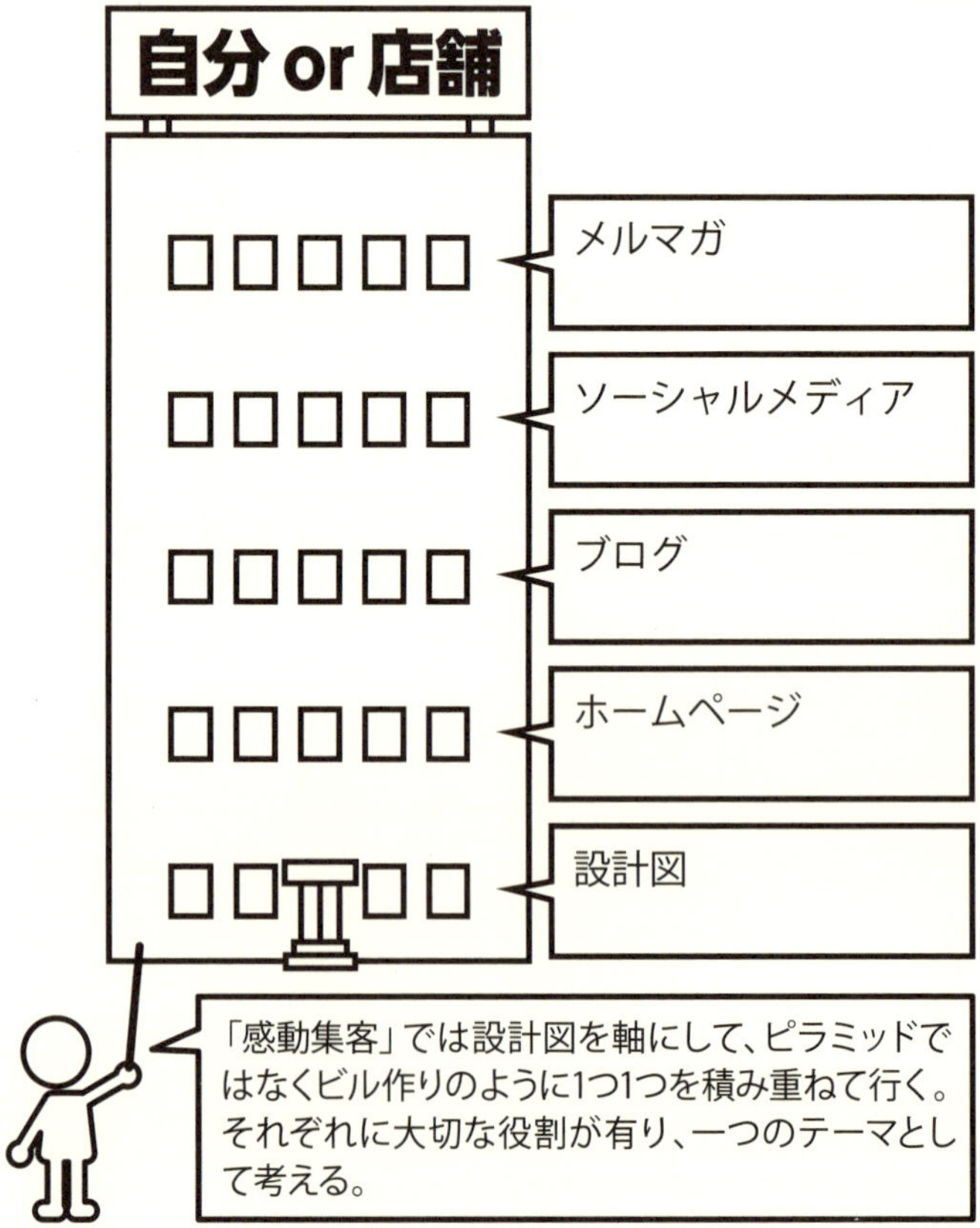

自分 or 店舗
メルマガ
ソーシャルメディア
ブログ
ホームページ
設計図
「感動集客」では設計図を軸にして、ピラミッドではなくビル作りのように1つ1つを積み重ねて行く。それぞれに大切な役割が有り、一つのテーマとして考える。

この流れで、一つずつできるかぎりわかりやすく、お伝えできればと思っています。

今、リアルに悩んでいる方にも、これから始めてみようと思われている方にも、きっとお役に立てる内容だと確信しています。

序章　まとめ

●変なネット会社に足元を見られないように、最低限の基礎知識は持っておく

●集客・ブランディングを行うためのブログやホームページは思い込みや先入観で作らない

●アメブロやフェイスブックがなくなっても、自社、個人の力で集客ができる力を身に付けることが大事

第1章

設計図の重要性

まずは設計図を作ることが大切

もし、あなたが大工さんだとして、一軒の家を建てる仕事を受けた場合、何から始めますか?

きっと、どんな家を建てるのかをリサーチして、設計図作りから始めるのではないかと思います。銀行にお金を借りにいくときも必要なのは事業計画書、つまり仕事の設計図です。

何を始めるときも一番最初に取りかからなければいけないことは、「設計図作り」です。

そしてこれはインターネットの世界でも同じです。集客・販売がうまくいっていない方の多くが、設計図を描かずに、イメージだけでホームページやブログを作ってしまっているので、その結果「自分は何をしたいのか?」「何のためにページを作ったのか?」という現在地が不明確になり、そのせいで、手が止まって放置した状態になっています。

昔の僕も、直感だけでホームページやブログを作っていました。やり方がわからなかったのもあるのですが、まったくうまくいきませんでした。

だからこそ「今までうまくいかなかった方も、これから始める方も、まずは全体の設計図を作るところから」が大切だと、これからを通じて理解を深めていただけたらと思います。

それにより、自分が描いていたイメージが明確になり、その後の作業にブレがなくなります。僕やクライアントさんがうまくいった一番の理由でもありますので、「感動集客」の最初のステップは、土台となる設計図作りからです。

ここを、おろそかにしてしまうと、先が続いていきません。はじめての方にとっては楽ではありませんが、ここが根本の基礎となるので、僕と一緒にがんばっていきましょう。

それでは設計図を作りあげるには、何から始めていけばいいのかを、これから一つずつ説明していきたいと思います。

ステップ1　ブレインダンプをやってみよう！

■自分や、お店の強みを理解しよう

設計図作りの第一歩は「ブレインダンプ」から始まります。

ブレインダンプをご存じではない方もいらっしゃるかもしれませんので、簡単にご説明すると、頭にあるものを明確にする作業のことです。

毎月実在庫を確認するために、お店で行う棚卸しみたいなものです。

頭の中に蓄積された知識や経験を書き出す作業からすべては始まります。

序章でお話させていただきましたが、集客させたいブログやホームページは、先入観やイメージだけで作ってしまうと、必ず途中で迷いが生じて手が止まります。

まず、自分がお客さまに提供できるものは何なのか。

そして、何が強みなのかを知ることです。

この部分を明確にするために、ブレインダンプを行います。

「感動集客」のコンサルに依頼してくださるクライアントさんの、ブログやホームページを作るときも、必ず事前にヒアリングを行い、クライアントさん自身にブレインダンプを行ってもらっています。

後ほど、お伝えしていきますが、ブレインダンプとリサーチをすることで、現在のページを一つずつ修正すれば良いのか？　もしくは新規でリニューアルした方が良いのか？　も見えてきます。


ブレインダンプという名前を聞いたことがない方は、難しく聞こえるかもしれませんが、まったくそんなことはありませんので、どうぞご安心ください。ブレインダンプを行うために必要なのは、大学ノートがあれば十分です。パソコンやスマホのメモ帳でも構いません。

■既に売るもの・提供できるサービスがある方の場合

（美容室や飲食店など店舗経営、通販ショップの運営）

自店や自社商品の「うちのココは負けない・自分の強みは何か？」を、箇条書きでかまいませんので、難しく考えずに、書きだしていきましょう。

例えば、飲食店のオーナーさんがブレインダンプをするのであれば、
●野菜のドレッシングがオリジナルで美味しい　●市場で一番低価格
●個室の部屋が五つある　●深夜の○○時までやっている　●名酒を取り揃えている
●料理の数が豊富　●女子会をやっている　●店のトイレが綺麗
●空気清浄機を置いている　●車を四台停められる駐車場がある
●毎月○曜日はドリンクサービスを付けている　●子供の遊び場を設けている

こんなふうに書き出していきます。

注意点として「単語」だけを書き出すのは具体性がないのでNGとします。

さきほど書き出した、【野菜のドレッシングがオリジナルで美味しい】が、本当は伝えたい

ことなのに【野菜】だけを書いても、野菜の何について伝えたいのかがわからなくなるので、なるべく具体的に書いてくださいね。

ブレインダンプに終わりの目安はありませんが、**「もう、これ以上は出てこない」という限界まで書いてみてください。**

書き出している間は、内容の重複は気にしなくていいです。とにかく頭の中にあるものを吐き出すことを優先してください。

不思議なのですが、もうこれ以上は出ないと思っても、また翌日になると「ポンッ」と出てくるので、それも書き留めてください。

強みや、心がけていることなど、思い当たることは何でも書き出してくださいね。

■個人や、商品、サービスが決まっていない方の場合

まだ打ち出していきたい商品やサービスをはじめ、自分のやりたいことがまだ決まっていない方は、自分自身についてのブレインダンプをしてみてください。

自分に対してブレインダンプを行うことで、自分が本当に好きだったこと、やりたかったこ

とを思い出せますので、その中から、ネットだけではなく、リアルに提供できるサービスも、必ず見つかります。

「自分はこんな人間だ」「自分の好きなものはこれだ」と思いつくままに書き出してみてください。もしかしたら、楽しいことだけではなく、これまでの中で嫌だった出来事にも触れてしまうこともあるかもしれません。ただ、これまでの自分を振り返ることで、結果的には新しい可能性を見出すことに繋がりますよ。

恥ずかしいですが、僕自身のブレインダンプを例にしてみます。

本に書いていいのだろうか？　と思うようなことまで例にしてみました（笑）。

自分に対してブレインダンプをしてみると、**自分のこれからを共にしていくテーマが必ず見つかります。**僕が行ったブレインダンプを見ると、ニーズがありそうなものが四つ、見つかり

松野正寿のブレインダンプ

●ギターを15年やってきた●ジュディマリが好き●洋楽はエリッククラプトンが好き●ギターのメーカーはフェンダーが好き●布袋寅泰さんが小学校6年生から好き●ブルースが大好き●プロを目指したがダメだった●昔から宇宙について興味がある●芸能人では小泉今日子さんが初恋の人●電卓を打つのは鬼のように早い●国語は好きかも●数学はまったくダメ●英語を話せるようになりたい●英会話教室にいってみたい●誰かのために歌を作るのが好き●接客業が好き●相手の想像以上のことをするのが好き●典型的なA型●モテ期は17歳がピークだった●話すのが好きそうに思われるがちだが人の話を聞く方が好き●婚約のチャンスを2度逃す●3年間女性恐怖症になったことがある●ヘアアイロンはストレートにするために欠かせない●基本的にくせ毛がコンプレックス●美容師さんが行う髪のブロー技術に興味がある●整髪料は嫌い●バスケが好き●サラサラヘアーに目がない●WBCが大好き●最近ジョギングをはじめた●ハーフマラソンにチャレンジしたい●1キロ6分を切って走れるようになりたい●サッカーをするのは好きだが観戦には興味がない●自分専用の靴に興味がある●疲れない走り方を学びたい●正しい筋トレ方法を学んでみたい●美白に興味がある●昔そばかすが顔中にあったのでバカにされていた●石鹸は無添加が1番だと思う●地元についてもっと知りたい●いじめにあったことがある●いじめていたこともある●基本的に前向き●親の感謝心を尊敬している●本を読むのが好き●音楽をやっていたこともあり目に見えないものを信じている●1年の中で交通事故に6回遭ってお守りを信じるようになった●優しい雰囲気を持っていると良く言われる●筋道が通らないことが嫌い●あいさつと笑顔はいつも意識をしている●お礼のメールは欠かさない●最近は速読に興味がある●整理整頓術に興味がある●整体のツボに興味がある●セラピストになりたいと思ったことがある●ご飯よりもラーメンが好き●久留米のラーメンが1番好き（地元だからか？）●オレンジジュースに目がない●星を眺めるのが好き●海の香りが好き●京都の古風さが好き●お酒は飲めないが雰囲気は好き●やたらと幹事をすることが多かった●接客業で売り上げ1位になったことがある●営業時代に全国で表彰されたことがある●人見知りをしない●相手の目をみて話すことが大切だと思ってる●肩こりが激しい●自分に合う枕が欲しいと思っている●サプリメントに興味がある●最近白髪が増えたので減らす方法に興味がある●小さい頃に水泳をしていた●習字を3か月で辞める●部活はほとんどしたことがない●山登りに興味がある●富士山に登りたい●ボクシングをやってみたい●ヨガに興味がある●のび太君並みの早寝を取得したい●松下幸之助さんが大好き●1か月に10冊は本を読む●永松茂久さんの音声をよく聞く●日記を書くことを習慣にしている●手紙のやりとりが好き

自分のブレインダンプから導き出したもの

ギターを15年やってきた
最近ジョギングを始めた
最近は速読に興味がある
接客業で売り上げ1位になったことがある
営業時代に全国で表彰されたことがある

ました。今度はそのテーマに対して再度ブレインダンプを行います。

テーマに対して、「自分が何を話せるのか？」「どんなことが気になるのか？」「相手に伝えられることはあるのか？」などを書き出してみましょう！

僕の場合なら、

- ギターを一五年やってきた ↓ **ギターが上手になるための講座**
- 最近ジョギングを始めた ↓ **初心者のためのマラソン講座**
- 最近は速読に興味がある ↓ **速読体験記**
- 接客業で売り上げ一位になった ↓ **接客克服マニュアル**

こんなブログや、ホームページを作ってみようというテーマが見つかりました。このように、自分が気づかなかっただけで、ずっと取り組んでいきたいテーマが必ず見つかります。もし、今、見つけることができなくても、定期的にブレインダンプを行っていくと、自分を客観視することができますので、新しい気づきがたくさん出てきます。

これがスタートになりますので、真剣にやってみてくださいね。

■ネットに眠っているチャンスをつかむために

なんとなく「ブログやホームページを作らなきゃ、見直さなくちゃ」と、思ってはいても、ほとんどの方が、設計図をおろそかにしたまま作っているので、継続した集客に繋がっていません。

あなたや、提供するサービスに明確な軸を置くためにも、ブレインダンプは必ず役に立ちます。

どれだけ競合店が多い業界でも、差別化ができる部分を見落としているだけで、隙間はたくさんあります。そこを「持ち味」として出していけば、競合店の多さは特に関係ありません。

インターネットの力を借りて抜け出ればいいのですから。ネットで見てからお店に訪れたり、商品を購入する方は多いからこそ、**インターネットに公開するブログや、ホームページは、自分の顔になるぐらいの気持ちで愛情を注いでいく価値があります。**

インターネットの力がどれだけ凄いのかと言うと、例えば以前の僕は、家電メーカーの営業マンとして働いていたのですが、国内の家電量販店を中心に大いに賑わいを見せた「地デジ戦争」は記憶に新しいと思います。

普通、テレビなどの高額商品は、家電量販店に行って買うものだと思いませんか？

実際にお店の中に展示をされているテレビを見て、いろいろな説明を受けて購入をするのが普通だと。

しかし、家電量販店がない地域にお住いの方はそうはいきません。

「地デジ戦争」のとき、離島にお住いの方々はインターネットでテレビを購入されていました。

また、野菜や果物は、近所のスーパーで買うものだと思っていませんか？


ポストに入っている大安売りのチラシをくまなくチェックして、タイムセールに買いに行くものというのが、昔は当たり前でした。

しかし、健康志向が強い方は、栄養分が高い野菜や果物を販売している通販サイトから当たり前のように購入をされています。

車が運転できないご年配の方にとっても、自宅の玄関まで商品を運んでくれるので非常に便利ですし、仕事が夜遅くに終わる一人暮らしの方も、時間指定ができますのでバタバタせずに買い物ができます。

大手の楽天や、アマゾンでお買い物をされたことがある方はご存じだと思いますが、今では楽天や、アマゾンでも、スーパーにある商品が手軽に購入できる時代です。

例えば、ウーロン茶のセット品がスーパーのセール価格でチラシに出ていたとしても、楽天やアマゾンの方が安い場合があるので、そのときにまとめ買いをしている方もたくさんいらっしゃいます。

配達も無料なので、ガソリン代の節約・時間短縮を考えると、ランニングコスト的にも非常に効率が良いのです。

ネットと、リアルは別ではありません。なぜなら、どちらも見ているのは「人」だからです。

さきほどの例でご理解いただけると思いますが、自分が見えないところや知らないところで、本来ならリピーターになるかもしれないお客さまを、しっかりとホームページを運営していないがために、逃しています。

逆に言うと、それだけネットにはチャンスが眠っているのです。

そのチャンスをつかむために「ブレインダンプ」は必須です。

自分の経験からチャンスを見い出すことができる「ブレインダンプ」の作業に対して、お金は一円もかかりません。繰り返しますが、これが「感動集客」に向けての最初の一歩です。

また、知らない方も多いかもしれませんが、社内ミーティングに「ブレインダンプ」を取り入れている企業もたくさんあります。

月一度の会議などでは、前日に、今の現状に対して各部署のチーム全員が自宅でブレインダンプを行い、会議当日に、今まで見えていなかった部分を話し合い、来月の取り組みにされている所だってあります。

定期的にブレインダンプを行うことで、アウトプットをする能力が高まるので、新しい企画や、斬新なアイディアも浮かびやすくなるのです。

ブレインダンプをやってきたクライアントさんは、みんなうまくいっていますので、これから各章に掲載をさせていただくクライアントさんや仲間の声を覗いてみてくださいね。

クライアントさんの声

松野さんとは、3年ぐらいの付き合いになります。
昔からブレインダンプのやり方は知っていましたが、
松野さんと出会うまでは真剣にやったことはなかったです。

最初の印象は、自分の頭の中で考えていることが、
すべて吐き出される感じで非常に気持ち良かった感覚がありました。

ただ、あるテーマについて自分なりにすべて絞り出しましたが、
はじめは50項目ぐらいしか出ませんでした。

自分が考えてること、やらなければならないと思っていること、
望んでいること、欲しいと思っていることなどを書き出してみると、
思わぬ発見があったり、アイデアがひらめいたり、
やるべきことの優先順位の間違いに気づいたり、

何よりも頭の中が整理されて、毎回すっきりします。

このすっきり感がすごく気持ち良くて、
今は何かやる度に必ずやっています。

自分の考えを整理するためには、なくてはならない方法になっています。
今では、簡単なテーマでも100ぐらいはすぐ絞り出せるようになりました。

海外旅行コーディネーター
北岡久人

ステップ2　リサーチの重要性

■ヤフー知恵袋は宝の山

ここからブレインダンプを元にして、集客につなげていく方法について説明します。

ブレインダンプで、自分が提供できる知識やノウハウを出したのですが、「あくまでもこれは自分のことだから」と思って手が止まってしまうのは、非常にもったいないことです。もしかしたら、あなたの疑問や知識は、たくさんの人を救うかもしれませんからね。

次は、自分のブレインダンプに対して、実際にニーズがあるのか？　市場は自分と同じ部分で悩んでいるのか？　などを見つけていきます。

ニーズを調査するというとマーケティングの話になって難しいとか、街頭調査や、アンケートを取らないといけないと思っている人もいますが、実は自分の家で、ネット上で簡単に調べることができます。

それは、「ヤフー知恵袋」を活用する方法です。

ヤフー知恵袋　**http://chiebukuro.yahoo.co.jp/**

■悩みを検索してみよう

ブレインダンプのときと同じように、またノートを用意してください。

ニーズをどういうふうに調べていくのかというと、例えば、僕が自分自身に対してブレインダンプを行った結果、次のテーマを「髪」にして取り組もうとしたとします。

「髪」についての記述を抜き出してみましょう。

- くせ毛がコンプレックス
- ヘアアイロンはストレートにするために欠かせない
- 美容師さんが行う髪のブロー技術に興味がある

こんなことを書いていました。これらの記述を一つ一つ、ヤフー知恵袋の検索窓に入れて調べていきます。

ここでポイントになるのが、文章をそのままの状態で入力するのではなく抜粋して入力していくことです。

●くせ毛がコンプレックスでイヤ　↓　【くせ毛　コンプレックス】
●ヘアアイロンはストレートにするために欠かせない　↓　【ヘアアイロン　ストレート】
●美容師さんが行う髪のブロー技術に興味がある　↓　【美容師　ブロー】

このように、メインとなるキーワード（くせ毛、ヘアアイロン、美容師）のみで調べるよりも、**関連する複合となるキーワード（コンプレックス、ストレート、ブロー）に分けて検索をした方が、「どういう悩みがあるのか？」「どういう世代が質問をしているのか？」が見つけやすいのです。**

ブレインダンプでは、単語だけを書きだすことはNGとお伝えしましたが、頭の中で伝えたいことが明確になっていても、文章にできずに単語だけを書きだしている場合もあったと思います。

その場合はこのサイトを使って、「単語」を入力し、自分が伝えたい内容と一致する複合キーワードを見つけてください。

この「キーワード」については、集客の肝にもなっていきますので、2章で詳しくお話をします。

http://www.related-keywords.com/

「こんなことで調べられるの?」と疑問に思う方もいるかもしれませんが、人は悩みを解決するために、自分が知りたい情報を得たいときに、**「ヤフー」**や**「グーグル」の検索窓**に知りたい内容を入力します。そのとき、普通に検索をしてもわからないときに、人が答えを知りたくて質問をする場所が**「ヤフー知恵袋」**なんです。

もちろん、ヤフー知恵袋だけではなく、悩み相談サイトの代表として、**「教えてgoo」**や、**「OKWAVE」**などもあります。

SNSの「mixi」や「アメブロ」などにも各ジャンルに特化した専門コミュニティもあ

りますので、そこからリサーチしてもいいと思います。

しかし、これらの各サイトに投稿される内容が大きく違うわけではありませんので、「ヤフー知恵袋」に特化していいと僕は思っています。

ブレインダンプで伝えたい内容と、リサーチ結果を、なるべくイコールにすることがベストです。

調べないままで、ブログやホームページに公開してしまうと、ただの自己満足になってしまいますので気を付けてくださいね。

自分が伝えたいこと、売りにできる部分に対してニーズがあるかを、事前に調べるからこそ、伝えないといけないこと、伝えなくてもいいことが明確化されていくのです。

■新しいお店をオープンするときはリサーチをするのが当たり前

そもそも、悩みやターゲットを把握していないと、ブログやホームページの構成も組めませんし、見込み客の感情に伝わるような記事や文章は書けません。

インターネットで集客するにあたって、このリサーチを面倒だと感じてしまう方が多いのですが、現実での商売では当たり前のことです。

新しい街にお店をオープンするときは、

●その商圏に対して競合店が何店舗あるのか？
●一番繁盛している店の年商はどのくらいなのか？
●建設予定地あたりの車の流れはどうなのか？

など、いろいろと調べます。それと同じことをブログやホームページを作るときもやるだけです。

もう少し具体的に、リサーチの重要性を落とし込んでいただきたいので、僕の家電量販店づとめ時代の実体験を例にとってみます。

商品知識が豊富なA社員と、商品知識が普通のB社員がいるとして、同じ商品をお客さまに接客をしたとき、果たしてどちらの方が成約できると思いますか？

普通に考えると、商品知識が豊富なA君の方に軍配が上がると思いますが、勝敗を決めるのは実はそこじゃありません。

A社員にも、B社員にも、商品知識の前にサービスマンとして心がけておくべきこととは、**「お客さまを知ること」**なんです。

例えば、洗濯機を見ているお客さまに対して、商品知識が豊富なA社員は、自分の知識に自信を持っているので、「この洗濯機がほしいに決まってる」と勝手に決めつけてしまい、成約のチャンスを逃すまいと商品のメリットばかりを話してしまう傾向がありました。

「これは最近発売された新製品で、前機種と違ってこういう部分が変わりました、しかも、こういう機能がついているんです。今日なら何千円引きができますが、在庫があと一台しかありません。現金以外でも、カード払いなどもございまして……etc」

その後、どうなるのかというと、お客様は聞き流してパンフレットだけ手に取って帰られてしまいます。最悪の場合は二度と来店してくれない可能性もあります。

先輩社員でもある僕は、A社員から「一生懸命接客したのに、私の何が悪かったのでしょうか？」とよく相談を受けていました。

積極的に接客に入る姿勢は素晴らしいのですが、まずその洗濯機を見ているお客様が「何を求めているのか？」を優先しない限り、毎回、一方的に商品の説明をしていても、お客さまは、自分の生活に当てはめてイメージすることができないのです。

逆に商品知識が普通のレベルでも、お客様目線で接客をするB社員は、このお客様が求めているニーズを聞き出していきます。

「新規なのか？」「買い替えなのか？」「好きなメーカーはどこなのか？」「今まで何キロタイプを使っていたのか？」「何人家族で使うのか？」「乾燥機付きで探しているのか？」「汚れ落ちが一番いいものなのか？」「節水・消費電力などが優先なのか？」。

お客様との会話から、普段の生活背景をさりげなく聞き出していくんですね。

お客様が主役になっているのですが、**実際の主導権を握っているのはニーズを聞き出しているB社員の方です。**

そこで家族構成、使用頻度、どういう目的で探しているのか？　が、B社員の中で明確になったとき、自分が持っている知識と経験を提案し、お客さまが生活背景の中で抱えている悩みを解決させていきます。

さらに、「こうなったらいいな」というイメージを持っていただき、購買意欲を高めていくと成約に繋がる可能性が高くなります。これが僕がサラリーマン時代に学んだリサーチとマーケティングに対する根本の部分です。

本来、接客をしないとわからない悩み、購入後のアンケートを取らないと知ることができない悩みなどが、インターネットだったらすぐにわかります。「ヤフー知恵袋」を活用すれば、事前に見込客になるかもしれない悩みや、相談を無料で知ることができるのです。

だからこそ、面倒でもブログやホームページで集客をさせたいときは、事前にリサーチをすることが絶対に必要なのです。

ブレインダンプで書きだしたことだけを、ブログやホームページの中で展開してしまったら、A社員と同じような結果になってしまいますので、大切なのは、書きだしたことに対して、

●本当にニーズがあるのか?
●どういうターゲット層が相談しているのか

を知ることです。

クライアントさんの声

僕もホームページや、ブログを所持しているのですが、
ほとんどメンテナンスはしていませんでした。

実際、本格的にリサーチをしてみて感じたことは、
まず、自分が世の中でニーズがあるだろう！と確信していた内容が、
リサーチをしてみると意外に相談者がいなかったり、
また、こんなことでも悩むのか…という新しい気づきがあったり、
自分では当たり前だと思っていた、ありきたりな内容が、
実は多くの方がアドバイスを求めていることなどがわかりました。

実際にリサーチをかけることで、
ブレインダンプで書きだした内容のどこに需要があるのか？
人はどういった単語や言葉を使って、
悩みを解決しようとしているのか？ どこに興味を示しているのか？
を知ることの大切さを本当に実感できましたし、
やり方を知ることができてよかったと心から思っています。

僕は応援専門家として活動をしているのですが、
自分の仕事を通じてリサーチをしてみると、
人は人で悩むといいますか、人間関係についての悩みごとには、
これほど質問があるのか？という驚きもありました。

自分が伝えたい内容を、【答えを求める方の立場】で調べてみると、
今後、自分が伝えていかなければならない内容の幅も広がり
自分のテーマに対して、さらに成長をすることができると思います。

応援専門家
モリタリョウジ
http://moritaryoji.com

ステップ3　マッチングしたものがコンテンツとして使うもの

■自分のイメージと見込み客が持つニーズのズレをなくす

ブレインダンプとリサーチまでがやっと終わりました。

本業をしながらネット集客を組み上げていく方であれば、おおよそブレインダンプからリサーチまでは、二カ月ぐらいを完了の目安にしてください。

どちらかというと、リサーチのほうに時間が掛かりますが、実際に見ながら調べていくだけなので、労力を使うのはブレインダンプの方だと思います。

ほとんどの方が、はじめての作業だと思いますので、大変だと思いますが、本当に集めたい方を集めるには、非効率なことをやらないといけないことを、どうか忘れないでください。

それでは次のステップとして「**マッチング**」について触れていきます。

さきほど、感想を書いてくださったモリタリョウジさんの体験談にもありましたが、自分が伝えたいこと、提供できることに対して実際に調べてみても、悩みや相談がないときがあります。

また、僕の知り合いの整骨院の先生は、体の専門家として数十年の知識と技術の強みがあっても、リサーチをしたときに、これらすべてに「ニーズ」があるわけではないということを痛感されました。そこでホームページやブログを市場に合う状態に作り変えただけで、人気の整骨院さんとなり、新聞にも掲載されました。

自分のイメージと、見込み客が持つニーズとの「ズレ」があったんですね。
このズレをなくしていく作業を「マッチング」と言います。

自分が提供できること、伝えたい内容と、ニーズの悩みや相談内容が「イコール」になっているかが大切です。そしてマッチングできたテーマが、これからあなたが感動集客でブログや、ホームページで記事にしていく内容になります。

逆に、自分が提供できることと、ニーズが似ているけどイコールにならないときは、ニーズの方に合わせます。

ただ、ニーズに合わせるといっても、自分やお店や商品の機能が現時点で、ニーズに合わせられないのであれば、メモ帳に理由を明記して最初は外してください。

この部分は大切ですが、少し難しいので詳しく説明します。

例えば、居酒屋のオーナーさんがブレインダンプをした内容の中で、「うちの店には個室がある」ということを書きだして、【居酒屋＋個室】について、「ヤフー知恵袋」でリサーチをしたとします。

相談の中に、個室を希望している書き込み自体は多いのですが、その中でも、「個室が防音になっているお店ありませんか？」という内容が多いというリサーチ結果が出ました。

「他の席からの声は聞こえないから大丈夫ですよ」という答えを返せるお店ならいいのですが、もし「個室はあるけど、スタッフの声や、他の席の音は聞こえてしまう」のなら、無理に「個室」を強みとして打ち出す必要はありません。

強みとしては打ち出すことができませんが、見込み客が何を求めているのかを、新たなデータとして、ストックはできますので、今後の対策や改善にもなります。

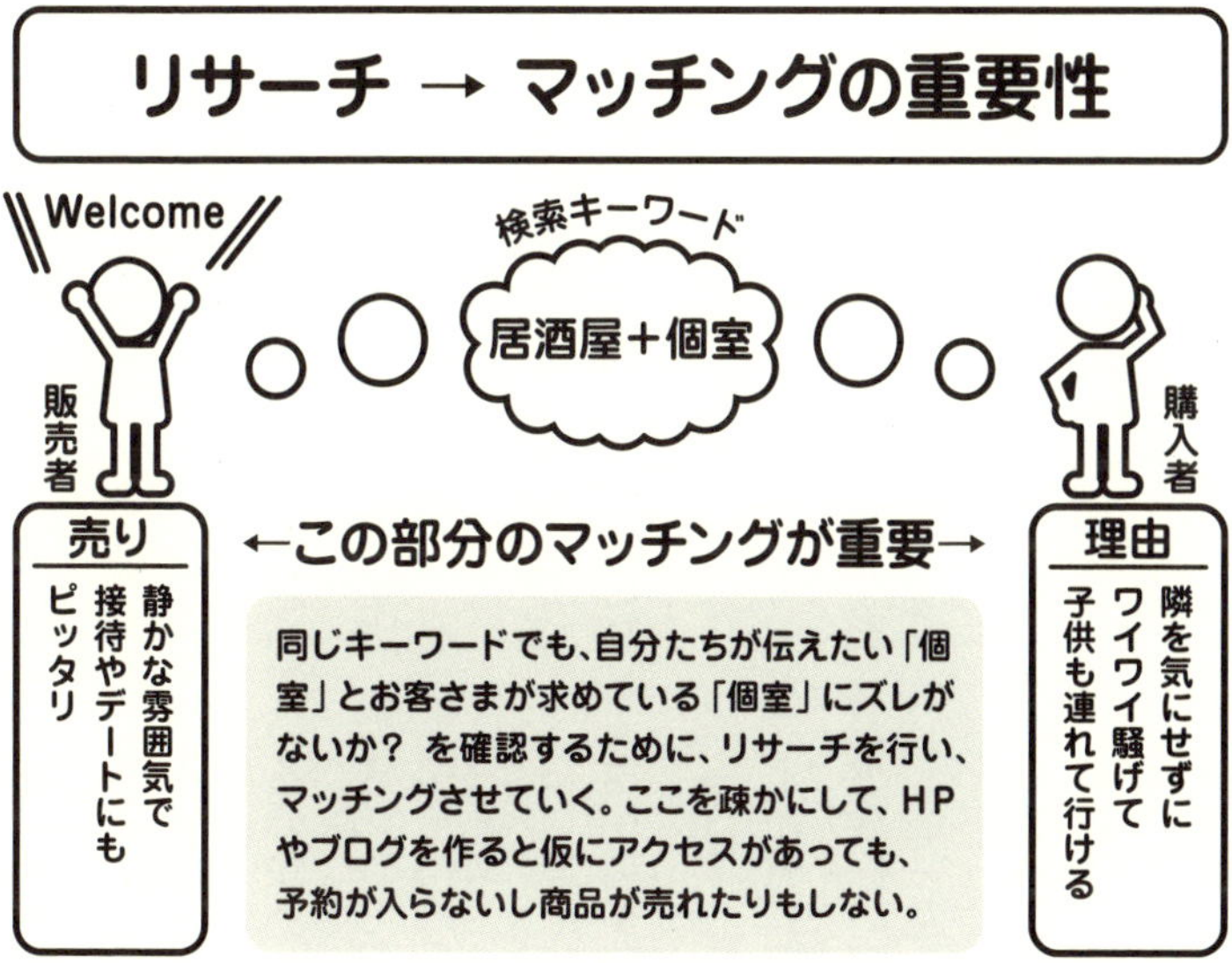
リサーチ → マッチングの重要性
Welcome
検索キーワード
居酒屋＋個室
販売者
購入者
売り
静かな雰囲気で
接待やデートにも
ピッタリ
←この部分のマッチングが重要→
同じキーワードでも、自分たちが伝えたい「個室」とお客さまが求めている「個室」にズレがないか？ を確認するために、リサーチを行い、マッチングさせていく。ここを疎かにして、HPやブログを作ると仮にアクセスがあっても、予約が入らないし商品が売れたりもしない。
理由
隣を気にせずに
ワイワイ騒げて
子供も連れて行ける

実際はアンケートをお客さまにお願いしても、なかなか本音が聞きだしにくいのですが、インターネットなら、無料でこういう調査が、簡単にできるという大きなメリットが、この「マッチング」の作業にはあります。

■新宿の居酒屋が設計図を作ったら

それでは、具体的に「新宿にある居酒屋」を例にして、ブレインダンプ、リサーチ、マッチングの流れにそってやってみましょう。

まずはブレインダンプです。思いつくままに「強み」となる部分やお店の特徴をあげてみましょう。67ページにのせているので確認してください。

そして、ある程度書き出せたのなら、今度はヤフー知恵袋を使って、**「どういうお客さまが、何を求めているのか?」**を調べていきましょう。

「どういうお客様が、何を求めているのか?」をおさえないと、ページの内容がずれてしまいます。ブレインダンプで書きだしたものから例にしてみます。

●団体は六〇名まで対応できる
●女性一人でも対応、一人のリピーターも多い

新宿の居酒屋さんですから、ヤフー知恵袋の検索窓に入れるのは「団体は六〇名まで対応できる」と入力しても、明確な調査ができないので、

「新宿　居酒屋　団体」などで検索してみましょう。あまりにも少ない場合は、「東京　居酒屋　団体」などからも調べてみるといいと思います。

新宿の居酒屋のブレインダンプ

●団体は60名まで対応できる●女性一人でも対応●一人のリピーターも多い●会議で使いたい方には個室を提案●一部のお部屋を貸しきり対応ができる●新宿で１番明るく元気な居酒屋の自信がある●外国人の来客にも対応できる●飲み放題コースがある、2時間3千円●うまい料理が豊富にある●もつ鍋なども用意ができる●営業時間が長いから、朝まででも対応できる●年中宴会に対応できる●笑顔の接客なら負けない●営業時間は夕方から深夜まで●オシャレな個室も用意できる●楽しい雰囲気を提供できる●色んなイベントを行うのが自慢●子供連れの方でも大丈夫●急なサプライズにも対応できる（ケーキとか）●深夜からのご来店にも対応できる●正月は元旦からも営業している●刺身料理などにも対応、盛り合わせが人気●複数の焼酎を所持して対応●空気清浄器なども用意している●接客には自信がある●急な送別会の依頼でも対応できる●誕生日などは当日でも対応できる●日本酒などにも対応している●二次会などにも即座に対応する準備をしている●年末でも営業している・カウントダウンとかもできる●出張客からのリピートが多い●関東の郷土料理なども対応できる●サラダの種類も豊富なので女性に人気●個室があるからデートの帰りなどにも利用してもらえている●座敷に対応している●男女別のトイレを設備している●クリスマスパーティーなどにも対応●毎日新鮮な魚を仕入れている●オープンキッチンなので店員との距離感が近い●一人でもスタッフとの会話を楽しめる●ノンアルコールカクテルが充実している●地元の名物を取り揃えている●料理に合わせたお酒を提供できる●冷凍食品をほとんど使っていない●お客様と家族のような付き合いをしている●レアな焼酎も取り揃えている●有名人も多く来店している●コース料理が豊富にある●オーダーメイドでの宴会ができる●お客さまに合わせてのオーダーも受け付ける●新鮮な野菜にこだわりがある●季節に合わせた料理構成をしている●社員教育がしっかりしているからクレームが少ない●醤油にこだわっている●スタッフ同士の関係性がいいので良い雰囲気が出せている●料理のお持ち帰りができる●いろいろな料理を堪能できる●２キロ以内にお住いのお客様には料理の配達ができる●和食の料理などにも対応

また、「新宿　居酒屋　団体」などのキーワードを、ヤフー・グーグルの検索窓に打ってみて、「ライバルサイトがいるのか？」「どんな感じのページを作っているのか？」を見たり、逆に競合店のページはなく、食べログなどのページしか表示されないのなら、ブログやホームページからの集客ができるチャンスがあります。

「新宿　居酒屋　団体」で調べたときに、例えば「遅い時間からでも大丈夫ですか？」「送別会でＤＶＤを流したいのだけど、プロジェクターやスクリーンはありますか？」「予算に合わせて料理は作れますか？」などの質問が多かったとします。

こういう質問に対して、お店が要望に応えられるなら、これはホームページに必要なページとなります。「新宿　居酒屋　団体」と検索する人たちは、こういう気持ちを抱きながら、キーワード検索をしているという仮説を得ることができましたね。

■調べたリサーチ結果にこちらの強みを合わせていけばＯＫ

このようにページの内容は、思い込みや、先入観で作るのではなく、調べたリサーチ結果に対して、こちらの強みを合わせていけばＯＫです。

逆に、お店が要望に応えられないなら、さきほどもお伝えしましたが、この部分はページ

（記事）にしなくてもいい部分です。市場調査の中で、これからの改善項目としてストックする部分です。

次の「女性一人でも大丈夫」なら「新宿　居酒屋　女性」もしくは「新宿　居酒屋　一人」などで検索をかけてみます。

自分が書きだしたブレインダンプから、キーワードを抜き出して検索するのが苦手な方は、

http://www.related-keywords.com/

こちらに「新宿　居酒屋」と入力して、自分が提供したい内容と合う組み合わせのキーワードがあれば、それで調べてみてください。

「新宿　居酒屋　女性（一人）」などで検索をしてみると、「女性一人でも気軽に行ける居酒屋はありますか？」「カウンター席などはありますか？」という質問が見つかったとします。

この質問に対して、「カウンターもあり、オープンキッチンだからスタッフと会話もできるし、やりとりもスムーズ、リピーターも多い」などの答えが返せるなら、これもページにしなければいけない内容になります。

リサーチしたキーワードをマッチングさせる

① **【強み・売り】**
新宿で1番明るく元気な居酒屋の自信がある

② **【検索の仕方】** 新宿　居酒屋　検索

③ **【リサーチ結果】**
個室があるお店、おすすめはどこですか？ の質問が結構多い

① 安い居酒屋さんよりも料理には自信がある
② （新宿　居酒屋　安い）
③ 学生層が多い、合コンやデートで利用したい層

① 飲み放題コースがある
② （新宿　居酒屋　飲み放題）
③ 予算3000円が多い、ほとんどが打ち上げ・二次会の層で人数が多い

① 朝まででも対応できる
② （新宿　居酒屋　朝まで）
③ 22～23時から飲みたい人（意外に東京へ旅行の人が多い）

① 一人での来客にも対応
② （新宿　居酒屋　一人）
③ カウンターありや、女性一人で気軽に入れる所を探している方が多い

① 年中宴会に対応できる
② （新宿　居酒屋　宴会）
③ 安い所を求める層が多かった

① 笑顔の接客なら負けない
② （新宿　居酒屋　笑顔）
③ 笑顔や接客が良いお店はどこというニーズはなかった

① 営業時間は夕方から深夜まで
② （新宿　居酒屋　営業時間）
③ 朝までのキーワードと、特に変わらない層、時間制限なしもいた

① オシャレな個室も用意できる
② （新宿　居酒屋　オシャレ）
③ バー的な雰囲気を求めているお客さまが多い

① 面白く楽しい雰囲気を提供できる
② （新宿　居酒屋　面白い）
③ ほとんどニーズがない

① イベントが自慢
② （新宿　居酒屋　イベント）
③ 質問の数が少ない、ニーズがあまりないか、キーワードのチョイスがダメ

① 個室が用意できる
②（新宿　居酒屋　個室）
③ カップル、子連れ、落ち着いた場所の質問が多い

① 子供連れでも大丈夫
②（新宿　居酒屋　子供）
③ 座敷を求めるお客さまが多い

① 急なサプライズに対応できる
②（新宿　居酒屋　サプライズ）
③ バースデーのキーワードよりも、御祝いも含めたサプライズが多い。御祝いなどで調べてみるといいかも

① 刺身料理などにも対応できる
②（新宿　居酒屋　刺身）
③ 安くて美味しいという質問、イカ、鯖目当てが多い

① 深夜からのご来店にも対応できる
②（新宿　居酒屋　深夜）
③ コンサート帰りなどが特に多かったが、質問件数は少ない

① 正月は元旦からも営業している
②（新宿　居酒屋　正月）
③ 里帰り層が多いが、質問、ニーズもほとんどない

① 複数の焼酎を所持して対応
②（新宿　居酒屋　焼酎）
③ そこまで多くはなかったが、ニーズはある

① スクリーンなども用意できる
②（新宿　居酒屋　スクリーン）
③ ほとんど質問がない

① 接客には自信がある
②（新宿　居酒屋　接客）
③ ほとんど質問がない、恐らく同業者がマナーを教えたくて調べていると思われる

① 送別会などの貸切にも対応
②（新宿　居酒屋　送別会）
③ あまり質問がない

① 食べ飲み放題コースも大丈夫
②（新宿　居酒屋　食べ飲み）
③ ３０００円ぐらいの予算が多い、今後は飲みだけではなく食べ放題もつけると差別化できるかもしれない

① 誕生日などは当日でも対応できる
②（福岡　居酒屋　誕生日）
③ バースデー・サプライズのキーワードよりも誕生日の方が多かったバースデーコースで提案できる

① 日本酒などにも対応している
②（新宿　居酒屋　日本酒）
③ 若干数の質問だけ

① 名物料理を用意できる
②（新宿　居酒屋　名物）
③ キーワードでのリサーチは少なかったが、郷土料理で調べるとニーズはあるように思われる

① 個室が用意できる
②（新宿　居酒屋　個室）
③ カップル、子連れ、落ち着いた場所の質問が多い

ステップ4　設計図にまとめる

■設計図に起こして全体像を把握する

ブレインダンプとリサーチから見えたことをマッチングさせせたら、今度はそれを「設計図」に起こしていきます。実はこれがホームページやブログで公開する内容になります。74P〜75Pのマップのページと照らし合わせて確認してみてください。

この内容についてのホームページを作るときには、白の大きい部分Aを大枠のメニューにします。

次のBの枝がカテゴリとなり、お客さまのニーズです。

そこに対して、自分たちが答えを返すページの内容Cを明記していきます。

ここで作った内容はホームページだけではなく、**さらにフェイスブック（FB）ページを作り、Bに対して、少し切り口を変えながら、お店の日常として「ホームページでは表現できな**

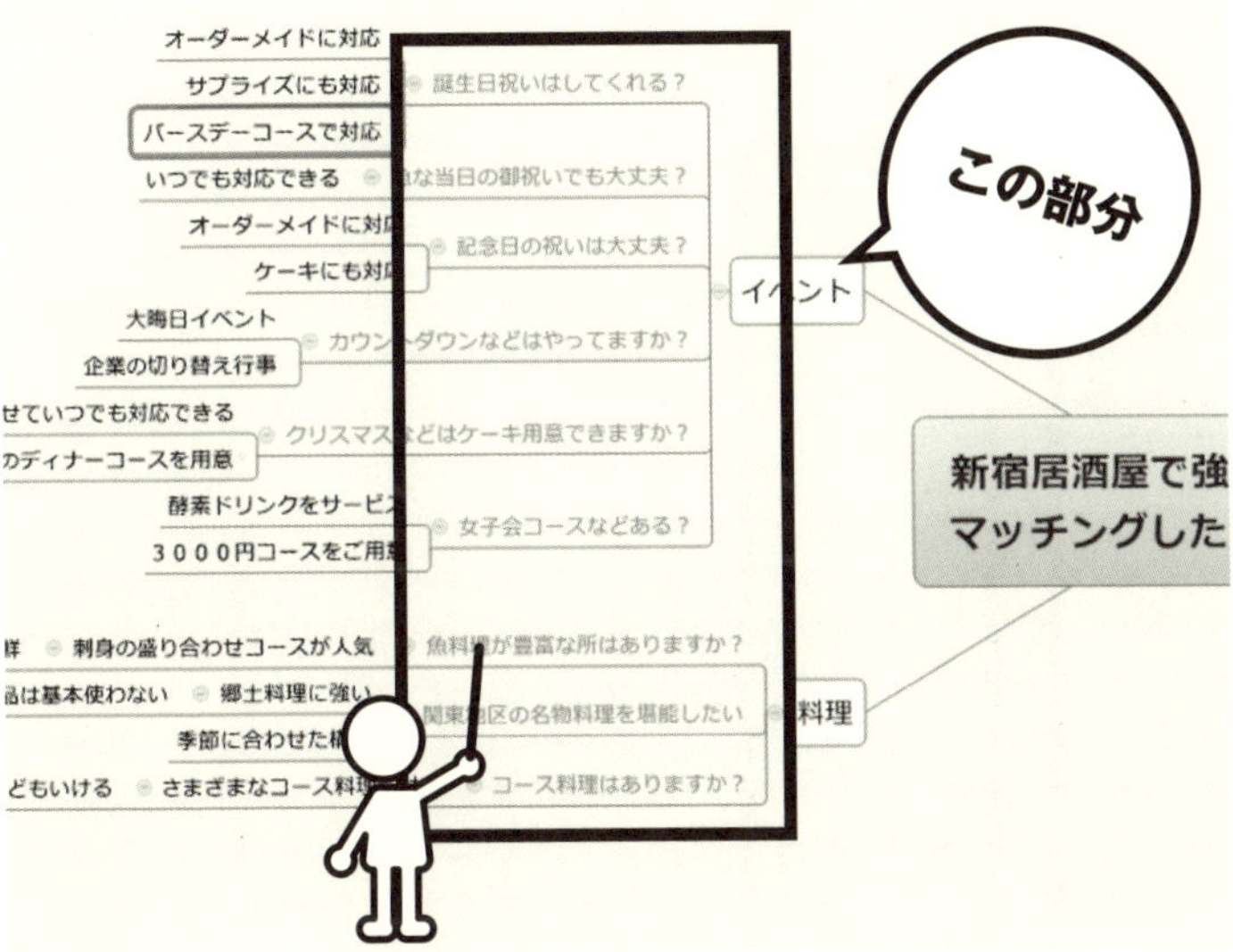

い部分」をアップしていきます。

そうすることで、関連性が生まれ、【フェイスブック（FB）ページ↓ホームページ】への集客に繋げることができるからです（ホームページ編は、２章から詳しくお伝えします）。

またリサーチの結果として、誕生日のニーズが多かったとあるので、アメブロでは、誕生日だけに特化した内容のブログを作ります（なくても構いません）。

この場合は、【東京　居酒屋　誕生日】などでリサーチをして調査をしながら、再度設計図を組んでマッチングさせてから構成を作り上げてくださいね。

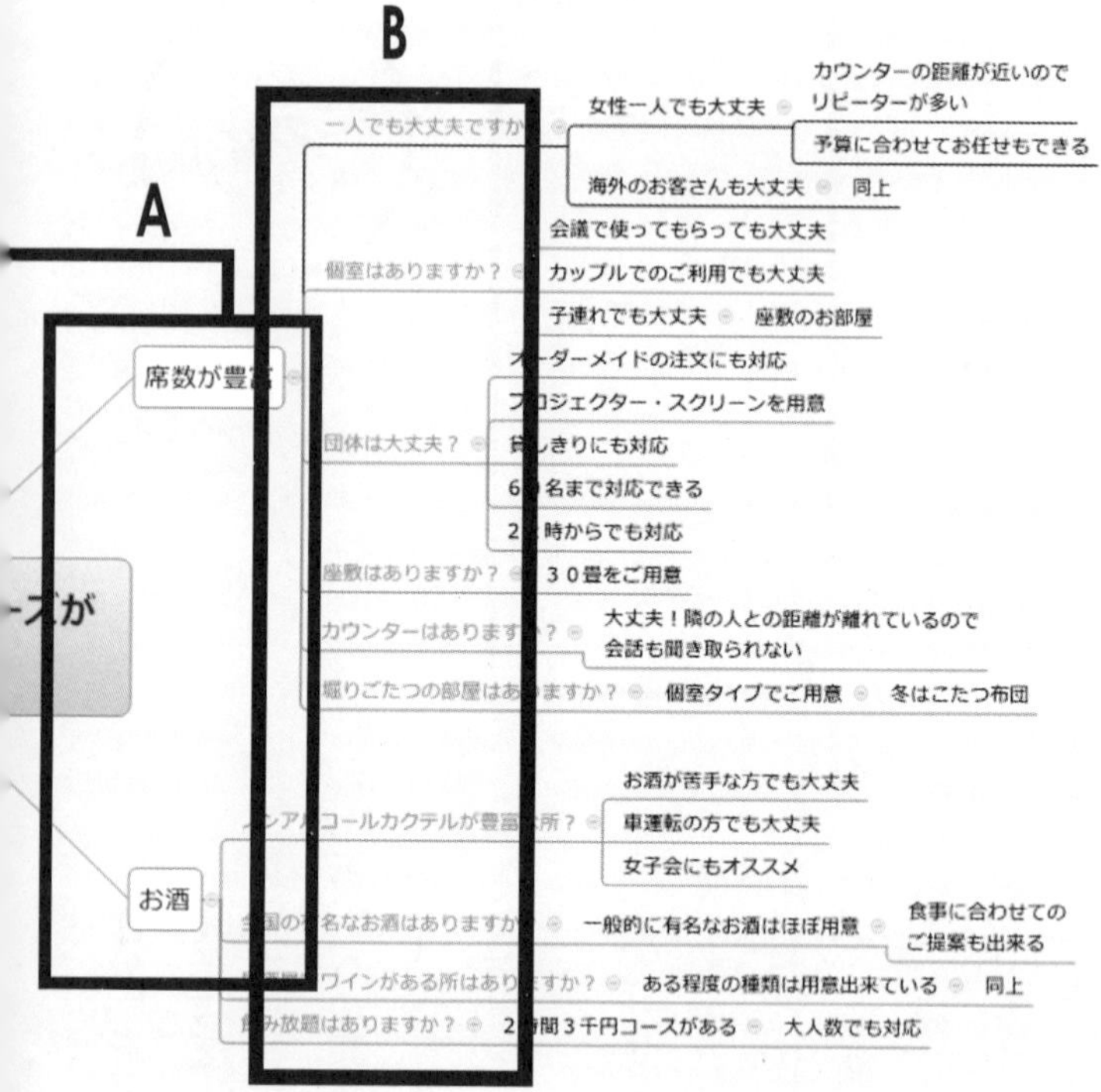

強みとして打ち出した残りのブレインダンプの内容は、メルマガでコミュニケーションを図るために使います

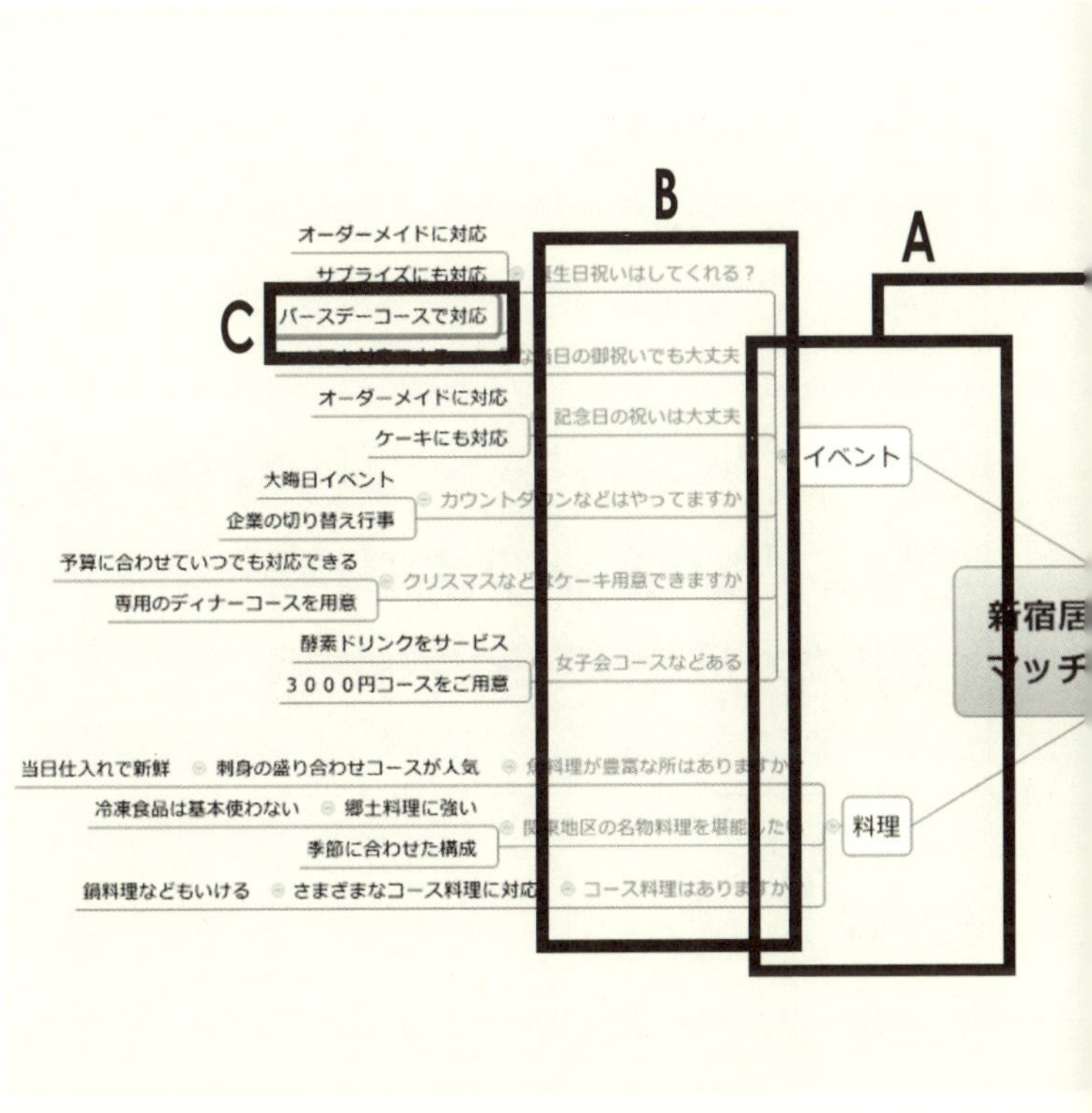

【A】ホームページのメニュー項目

【B】ホームページのカテゴリ
およびフェイスブックページ

【C】あるテーマに特化してアメブロ運営

- スクリーンなども用意できる
- 接客には自信がある
- 送別会などの貸切にも対応
- 自分達のお店を東京で認知させたい
- 安い居酒屋さんよりも料理には自信がある
- 食べ飲み放題コースも大丈夫
- 二次会などにも即座に対応する準備をしている
- 年末でも営業している・カウントダウン
- 年末のキーワードでは、ほとんどニーズがない
- 朝まででも対応できる
- 年中宴会に対応できる
- 笑顔の接客なら負けない
- 営業時間は夕方から深夜まで
- オシャレな個室も用意できる
- 面白く楽しい雰囲気を提供できる
- イベントが自慢
- 深夜からのご来店にも対応できる
- 正月は元旦からも営業している

ニーズとマッチングしなかったブレインダンプの内容はメルマガで活用できる

ブログから、直接予約をいただく構成にしてもいいですし、ホームページへ集客の導線として利用してもいいです。メルマガの読者を増やす目的で活用しても大丈夫です。

それでは、強みとして打ち出した残りのブレインダンプの内容はどう利用するのかというと、メルマガでコミュニケーションを図るために使います。

一通につき、一テーマを心がけて投稿していきます（4章で詳しくお伝えします）。

■基礎の部分が完成すれば成功に向けて動き出す

本書では「新宿の居酒屋」を例としてあ

クライアントさんの声

松野さんと出会って3年ぐらいが経過します。

塾生として在籍したときは、ブログやホームページを作りながら、
新たに設計図を作成して、更年期のアメブロ運営を始めました。

ブログやホームページを構築する上で、設計図は非常に大切です。
そのためのブレインダンプは必須だと今でも痛感しています。

ブレインダンプをしないでサイトの運営を始めてしまうと、
自分が提供できることに必ず行き詰ります。
自分が何をしなくてはいけないのか、
途中でわからなくなってしまうんですね。

頭が空っぽになるまで吐き出して、これ以上出ないというところから
まだ出てくるようになれば成功です。
何日かかっても良いですから、ぜひ、試してみてください。

きっと大切さがわかります。

現在は、シニアの総合ポータルサイト「from4050（http://from4050.jp）」を運営し、中高年にとって役立つ情報を発信しています。現在も構築途中ですが、「from4050」を大きく育てて、日本一のシニアのサイトにしたいと思っています。

from4050
代表　秋元恵美子

げさせていただきましたが、他の参考例として、僕の仲間が、実際に当時やっていたデータを探して送ってくれたので、参考になさってください。秋元恵美子さん、松原秀和さん、ありがとうございます。お店ではなく、美容についての設計図です。

秋元さんの当時の設計図

http:// 感動集客 .jp/akiemi.jpg

松原秀和さんの当時の設計図

http:// 感動集客 .jp/matsuhide.jpg

今は全体の流れに対してお話をしていますので、本格的に稼働させるときは、2章のコンテンツ作成とデザイン編までを見てから取り組んでください。

まずは、この四つのステップで設計図を作り上げることが「感動集客」の基礎です。

設計図作りをスルーして実践に入ってしまうと、次からお伝えしていく各章が活きてこなくなります。逆に言うと、この基礎の部分が完成した段階で、あなたの「感動集客」は成功に向けて動き出したと言っても過言ではありません。
第2章から具体的な内容に入っていきましょう。

第1章　まとめ

●テーマを決めて、ブレインダンプを行ってみる

●ブレインダンプに対して、必ず事前のリサーチを行ってみる

●伝えたい事と、市場の悩みが一致するか？マッチングをさせる

●マッチングした内容を全体像にしてまとめる（メニュー・カテゴリーを作りまとめる）

第2章

人が集まるコンテンツ作成とデザイン

コンテンツの役割を明確にする

今から、第2・3章と続いていくのですが、ここで注意点があります。

「感動集客」の基本となる集客方法は、ヤフーやグーグルの検索エンジンからのアクセスがメインになります。

一般的には、インターネット集客の基本は、これがセオリーになるのですが、第3章のアメブロの場合は特殊な仕組みになっているので、その仕組みを活用しながら、アメブロの中にいる見込み客をターゲットにしていきます。

簡単に言うと、検索エンジンからのアクセスを意識しなくても、特殊な仕組みを理解して作業をすれば、自分から相手のアクセスを呼び込めるのが、アメブロのメリットです。

しかし、いくら仕組みが良くても、アメブロの中に「ニーズ」がまったくなければ、アメブロを使う意味がありません。

その場合は、無理にアメブロを使う必要はありませんので、ホームページとフェイスブックページなどを軸にしていきます。

もちろん「強み」として打ち出せる部分があって、アメブロにもニーズがあれば、１章の最後でお伝えした通り、ホームページとアメブロの両方で運営した方がよいです。

また日頃から会社やお店の得意先と関係性ができていて、社長として、スタッフとして伝えたいことがあったり、フェイスブックなどで普段から繋がっている方がアメブロなども運営されているのであれば、アメブロを作成して、その中でも繋がっていいと思います。

個人事業主の方は、日常の業務が非常に忙しいと思いますので、店舗集客や商品販売をされたい場合は、ニーズがあれば、アメブロ自体をホームページとして運営をされてもいいのです。

しかし、数年前から、アメブロは商用利用に対して非常に厳しくなっており、突然削除される可能性もあるので、こちらは３章の方でお話しますね。

強みとして打ち出せるものだけを使う

第1章でまとめた設計図の中から、ホームページも、アメブロも、特に強みとして打ち出せるものだけを使います。むやみに何十記事と入れる必要はありません。

もちろん、コンテンツとして見れば多いに越したことはありませんが、**はじめの段階は「強み」で運営していきましょう。**

「強み」を支える部分は、メルマガやフェイスブックなどで補えば大丈夫です。

「感動集客」を生み出すためには、テーマを決めて、各メディアに役割を持たせながら、導線を作りあげていきます。ただ、新規客を集めても、リピートに繋げるための全体の仕組みがなければライバルのページへ行かれてしまうだけですからね。

だからこそ、まず「リピーターを生み出す仕組み」を作り上げた後、新規客を獲得するため

に、仕組みを作って集まってくるデータを参照しながら、新たな対策をしていくべきです。

だからこそ、土台づくりだけは、絶対に怠ってはいけません。

コンテンツの作り方

■タイトル作成

1章で設計図ができましたので、これを元にして全体のホームページを作ると、このようなコンテンツができあがります。

これを元にしながら、一つずつお話をしていきますね。まずは、ホームページのＴＯＰとなるタイトルを決めましょう。新宿の居酒屋さんだったら、お客さまが、メインで打ち込むキーワードは、新宿＋居酒屋となりますので

2章で学んだキャッチコピーや画像を入れる

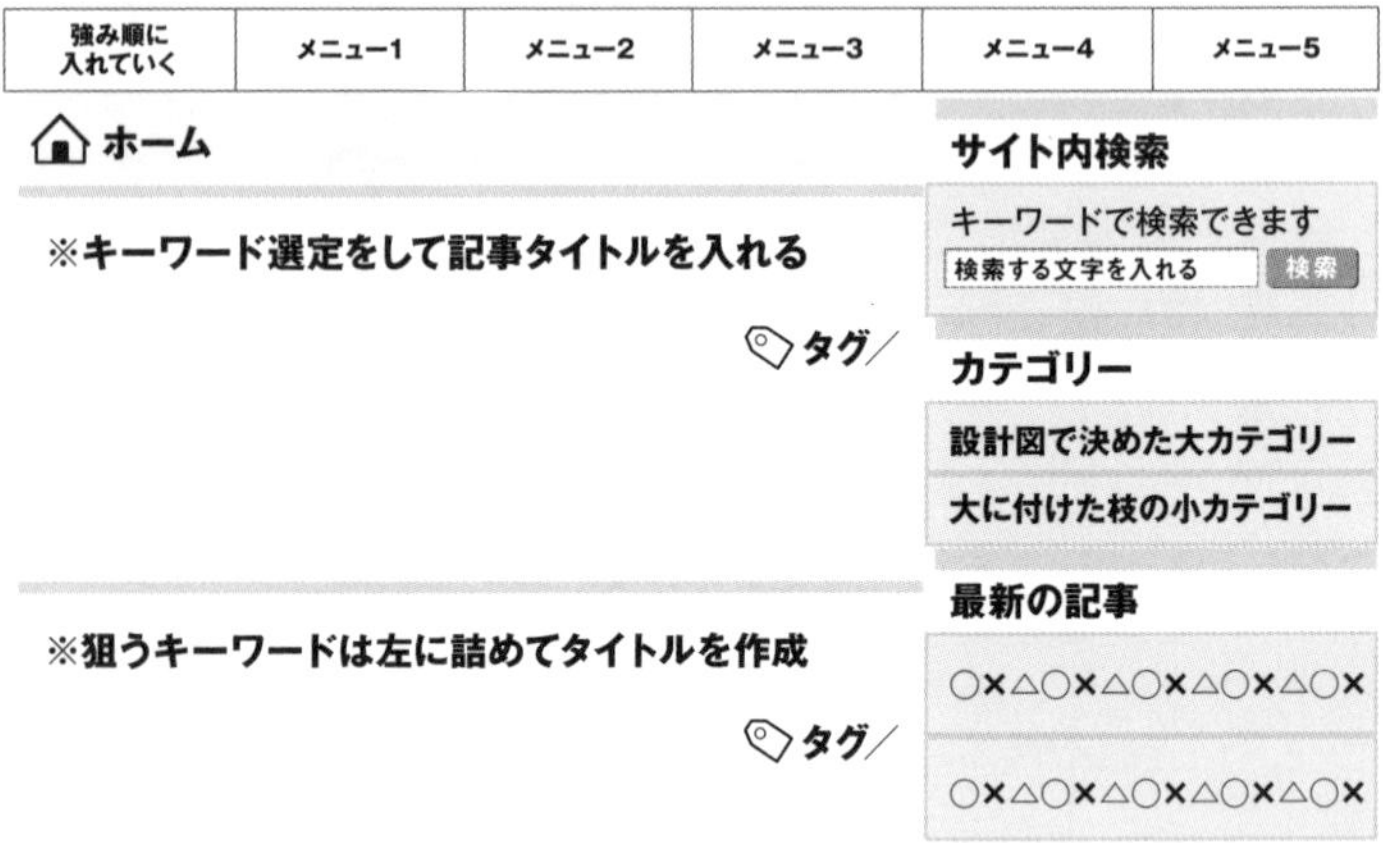

「新宿の居酒屋なら感動集客―リピーターが集うお店」のようなタイトルにします。

タイトルを作成するときは、集めたいキーワードは、左に詰めた方がいいので、「リピーターが集うお店―新宿の居酒屋なら感動集客」などのタイトルだと、検索順位に対して、ライバルと差が出てしまう場合がありますので、**集めたいメインのキーワードは左に詰めていきましょう。**

このキーワードと、タイトルの付け方は、集客の基礎として、非常に大切な部分になりますので、のちほど例を使って詳しくお話しますね。

■タイトルを補足する説明文

次に、タイトルが決まったら、タイトルを補足するための説明文を入れていきます。ブログと違ってホームページは、一つ一つのページに説明文を入れることができます。

少し専門的な話になりますが、ホームページの説明文とは、検索エンジンで表示されるトップ・個別ページタイトルの補足説明みたいな部分のことです。ディスクリプション（description）と呼ばれています。

この説明文に対して、集めたいキーワードを二回ぐらい含めて、説明文を入れるとSEO的にも効果があります。

集めたいキーワードを、補足説明文に三回入れた方が効果があるとか、ないとか、いろいろとインターネットの世界では言われていますが、僕は経験上、二回を推奨します。

ディスクリプション（description）は、ホームページの中身となる、HTMLソース内の冒頭あたりにあります。<meta name="description" content= 説明文を入力 >の部分です。

文字数的には、一二四文字ぐらいを目安にして最適化しましょう。六四文字にまとめた方が、SEO的には効果があると言われる方もいますが、集めたいキーワードを二回は使うことを念頭において、六四文字以内でまとめられるならそれでもいいと思いますし、綺麗にまとまらないなら一二四文字前後でもいいと思います。

こういう部分が、成約や、申込みに直結するのか？　と言えばそうでもないですし、大切なのは、コンテンツの中身なので、僕はあまり気にしていません。

既に、ホームページやブログを作成されたことがある方なら、さきほど出てきた、SEO(Search Engine Optimization) 対策という言葉を、一度は聞かれたことがあると思います。

簡単にご説明すると、検索エンジン最適化と呼ばれているものです。ヤフーやグーグルの検索結果として出てくるページ表示の上位部分に、自分のホームページや、ブログが上がるように、運営の中で対策を施すことを指します。

例えば、この本を出すきっかけにもなった僕の恩人、永松茂久さんの書籍に『感動の条件』があります。この言葉で検索をしてもらうと、一位がアマゾンのページで、僕のホームページが、アマゾンの次あたりに表示されていると思います（多少の上下はあります）。

このように、上位に上げるための対策を施していくことを、インターネットの世界では、ＳＥＯ対策と呼ばれているのですが、実はこれらには正解がありません。本当の真実を知っているのは、大元の検索エンジンであるグーグルだけです。

たとえ、どんなに凄いＳＥＯの権威であっても、本当の真実は誰も知らないのです。グーグルが提供している情報をはじめ、自分の実践経験と、膨大な検証結果の中で対策を施されています。

つまり、ＳＥＯに関しては、みんな自分の基準でお話をされているので、みんな正しいことを言いますし、違うことも言いますので、こうすれば必ず上位表示しますという方法は、さまざまなやり方がありますので、今回は割愛します。

ＳＥＯ対策を業者さんにお願いして、上がる場合もありますし、逆に上がらない場合もあります。自分で対策を施す場合も同様です。もちろん、僕も専門の一人として、クライアントさんのホームページに、ＳＥＯ対策を施しますが、「感動集客」の場合は、基本だけを抑えて、

ＳＥＯ対策には時間をかけません。**設計図の最後で、展開方法のお話をしましたが、フェイスブックページから導線を引っ張るので大丈夫です。**

■集客を加速させるキーワード選定

設計図が完成して、ブログ・ホームページのタイトルやカテゴリを決めて、これから記事を入れていくわけなのですが、**集客をするためにはキーワード選定が必須です。**

今の時代、ほとんどの方はヤフー・グーグルの検索窓の中に、キーワードを入力して情報を得ようとします。

例えば、有名な芸能人の方が結婚したときなどは【芸能人名　結婚】と入力して、さらに詳しい情報を調べようとしますよね。誰でも経験済みのことだと思います。

「今日は家族でランチ」という記事タイトルでは、キーワードで引っかからないので、見込み客は集まってこないですし、そこに気づかないまま記事を一生懸命書き続けても、アクセスは安定しません。

見込み客は、キーワードを入力することで、あなたのホームページやブログに辿り着きます。

会社名、著名人名などを打って、オフィシャルページなどにたどり着くのと同じ理屈です。
これからコンテンツを作っていく上で、「キーワード選定」は肝になっていきます。

感動集客での、ブログやホームページのタイトル、記事タイトルなどには、必ず集客をするためのキーワードを選定した上で作っていきます。

キーワード選定に詳しくなってくると、各キーワードに対して、月間でどれだけ検索されているキーワードなのか。このキーワードで、集客を狙っているライバルブログ・サイトはどのぐらいいるのか、このキーワードで参入していいのかなど、集客に必要なものがいろいろと見えてくるようになります。

ただ、リサーチをしていない中で、キーワードの表面ばかりを見ていると本質が見えなくなります。

「実際に検索されているキーワードなのか？」くらいの確認で大丈夫なので、調べることを癖にしてみてください。

複合キーワードが存在しているかどうかは、リサーチのときにご紹介したこちらで確認をし

てください

http://www.related-keywords.com/

ある程度の知識がある方で集客がうまくいかない方は、ブレインダンプやリサーチを怠ったまま、「キーワードだけ」に目を向けて集客をしようとするケースが非常に多いのです。

例えば、エステのお店を経営している方ならば、【地域名　エステ】という大きなキーワードで集客を狙いがちです。もちろん、大きなキーワードであるほど検索される回数は多くなるので狙いたくなる気持ちも凄くわかります。

しかし仮に、【地域名　エステ】というキーワードで必死にSEO対策をして、アクセスを集めることができたとしても、実はほとんど成約には繋がらないのです。

なぜなら、エステというキーワードだけでも、

●痩せたくて検索しているのか？　●肌の美しさを求めて検索しているのか？
●どのぐらいの世代が検索しているのか？　●体のどこを施術したいのか？
●価格が安い店を探しているのか？　●興味本位で検索しているのか？

など、大きいキーワードだけでは、あまりにも幅が広すぎて何を求めているのかが見えづらく、アクセス数が多い割には、集客や売り上げに繋がらないという現象が起きやすくなってしまうのです。

また、エステのキーワードだけではなく、**一週間で痩せる方法、腰回りマイナス〇センチと、他のキーワードから入ってくるケースも多々あります。**

繰り返しますが、ブレインダンプや、リサーチを怠ったまま、目先のキーワードだけで集客をしようとすると絶対にうまくいきません。

キーワード選定は大切なのですが、ブログやホームページを作る側が、**事前に【そのキーワードを検索するターゲットがどんな人なのか】をきちんと調べて把握した中で、キーワードを選んでいるのか、ここが凄く大切なのです。**

ターゲットが見えていないままキーワードを見て、ブログやホームページを作ろうとすると、これから書く記事の内容が大きくズレます。表面上の内容しか書けなくなるので、内容が相手にも伝わりにくくなってしまうのです。

ブログやホームページにアクセス解析（無料）を入れれば、人が実際に打ってくるキーワードをデータとして、たくさん得ることができます（こちらも後ほどお話しします）。

このキーワードを打つ層の中で、ターゲットに対して、あなたにネットを通じて伝えたいこと、伝えられることがあるのか。

キーワードの奥にいる「ターゲット」を把握した上で、キーワード選定は行っていかないといけません。そして次に大事なのが「記事タイトル」です。

■魅力的な記事タイトルの作り方

インターネットで何かを調べるときは、ヤフーや、グーグルの検索窓にキーワードを打ち込んで、検索結果に表示されたブログやホームページの各タイトルを見て、「どのページを見るか？」の判断をされると思います。

ヤフーやグーグル的にはタイトルは短い方が良いとされていますが、集客をさせることの本質は、**アクセス数を増やせばいいわけではなく、その一歩先にある成約や来店に繋げていくことです。**

もちろん、アクセスは多いに越したことはありませんが、本当に大事なのはアクセス数よりもアクセスの質です。

だからこそ、記事タイトルは「見込み客」がわかるようなタイトルにしてあげてください。

要はブレインダンプ、リサーチを行って**マッチングした見込み客だけが**あなたのページに訪問してくれればいいのです。そのターゲットが行動を起こしたくなる記事を書くので、関係のない他のアクセスは不要となります。

例えば「新宿の居酒屋で個室」というタイトルを作ったとします。

この場合は、【地域名　居酒屋　個室】だけのタイトルになるので、仮に多くのアクセスをブログやホームページに集めることができたとしても、中身がズレていたら意味がありません。ページに訪問をしてくれてもすぐに閉じられてしまいます。もし、お店の個室体制がしっかりしていて、**主にファミリー層の方に来店**してほしいのであれば、

「新宿の居酒屋で個室を希望―子連れのお客さまも大歓迎」

というタイトルの方が見込み客は反応します。

完全個室が強みなら、

「新宿の居酒屋で個室を希望――当店は完全個室部屋です」

となり、記事の内容はそれに合わせて、完全個室の写真をいろいろな角度から撮影して投稿すれば、お客様が行動を起こす確率は非常に高くなります（フェイスブックページからも同じ内容を切り口を変えて投稿すればホームページへの導線にもなります）。

一つ一つを広く集めようとするのではなく、**一つ一つを絞って強みを優先して、リピーターを生み出す仕組みを作ってから広げていくのです。**

タイトルの付け方にはいろいろな説があります。

例えば、「短い方が検索エンジン的に好まれるから良い」などが有名です。**検索エンジン的にはそうかもしれませんが、実際に見るのは人**です。検索者がタイトルをクリックしてくれないときてもらえないのですから、タイトルについては三三文字ぐらいまでは、検索エンジンが認識してくれるので、魅力的に作った方がいいと思います。

ポイントとして、**集めたいキーワードは、さきほどの例のように、左に詰めて作成していきましょう。**

さきほどのおさらいとして【新宿　居酒屋　個室】で集客を狙うのならば、

「新宿の居酒屋で個室をお探しの方－子連れのお客様も大歓迎」

というタイトルになります。

「新宿　居酒屋　個室」というタイトルだけでは、キーワードだけを並べているタイトルなので、検索エンジン的には良くても、人がパッと見たときに魅力的ではないのでスルーが多くなります。

「あなたに来て欲しい」とわかるようなタイトルを意識して作りましょう。

最初は難しいかもしれませんが、日々の実践の中でしっかりと身についていくので大丈夫です。

■読んでもらえる記事の書き方と色

ブログやホームページで記事を書くときは、相手のことを考えながら、ストレスを与えないことを意識しながら書いていきます。

記事の書き方については人それぞれですが、簡単なポイントだけお伝えします。ただ、基本的によほどのことがない限り、訪問者は真剣に記事を読みません。

「読みません」と書くと語弊があるのですが、軽く流し読みをしている感じです。あなたがインターネットを通じて文章を読むときもそういう感じではないでしょうか。

ポイントが伝わるようにするためには、文章を横に長くダラダラと書かない方がいいのです。

次のページを参考にしてみてください。

これらを基本にして記事を書いてみてください。そして、次がとても重要なのですが、各記事を書くときは、

「早く商品を売りたい」「集客させたい」という気持ちを優先して書いてはいけません。

無意識にストレスを感じさせてしまう例

よほどのことがない限り、訪問者は真剣に記事を読みません。「読みません」と書くと語弊があるのですが軽く流し読みをしている感じです。
あなたがインターネットを通じて文章を読むときもそういう感じではないでしょうか？　流し読みをしている感じなので、文章を横に長くダラダラと書かない方がいいのです。

「～です。」のように字余りを起こしてしまうと、見た目もよくないですし、
文のはじめは、主語をもってくるようにすると相手も読みやすいです。

また、**「あなたが～の方がいいです」**のようにブログやホームページは、横長で読ませると
目が疲れてしまいますし、ポイントも伝わりにくくなりますから
あまり長過ぎず、縦を意識してブロックに分けて書く方が
読みやすくなります。

僕はブロックに分けて、２・３行書いたら改行を
１、２行空けて書くことが多いです。

実 例

よほどのことがない限り、訪問者は真剣に記事を読みません。
読みませんと書くと語弊があるのですが、軽く流し読みをしている感じです。
（改行が入るまでが１ブロック）

あなたがインターネットを通じて、文章を読むときも
そういう感じではないでしょうか？
（次の1ブロック）

軽く流し読みをしている感じなので、文章を横に
長くダラダラと書かない方がいいのです。

応 用

特に伝えたい箇所がある場合は、文字のサイズを１サイズ大きくしてあげるといいですね。
文章の場合は、ある部分だけを大きくするよりも、
強調したいブロック全体を大きくした方がメリハリがつきます。

あなたがインターネットを通じて、文章を読むときも
そういう感じではないでしょうか？
（文字を大きく太くしてみる）

あなたがインターネットを通じて、文章を読むときも
そういう感じではないでしょうか？
（色を入れるときも所々に色をいれてもほとんど目に入らないので、
文章と同じでブロック全体に装飾した方が目に入りやすくなります。）

こういう気持ちは、対面で営業をするときと同じで、文章でも相手に伝わってしまいます。

それでは、どういう意識の中で記事を書けばいいのかと言うと、**読んでくれた人が、何かしら「行動」を起こしたくなるように書いていくのがポイントです。**

「へぇ〜役に立ったな、またアクセスしよう」「次の記事も見てみたいな」「このお店ってどんな感じなのかな」「この人のことをもっと知りたいな」

と、さらに興味を持ってもらえるように書いていきましょう。一つの記事を見ただけでは、まだ相手との関係性もできていない状態なので、信用してもらうことはできません。

このあたりは全体のデザインや、写真などを活用して補っていくテクニックもありますが、肝心なのは記事の中身です。

中身を通じて、行動を起こしたくなる気持ちのポイントが積み上がり、少しずつ信用に変わっていきますので、メンテナンスしていきながら、価値のあるブログやホームページに育てていきましょう。

クライアントさんの声

何かに悩んだ人は、その答えを求めてインターネットで調べるのですが、
ヤフーやグーグルの検索窓に打ち込んだキーワードだけを見ても
その人の過去や、生活背景はわからないものです。

多くの方は、このキーワードだけでホームページを作成して
検索者の悩みに対して、答え（記事）を返そうとされるのですが
答えは「NO！」です。私自身も、松野さんに教えてもらうまでは
キーワードだけを見ていたので痛感しているのですが、

それだけでは、訪問者が何をどう知りたいのか？
まったくわかりません。事前に調べるからこそ、
お客様の気持ちがわかり、キーワードが生きてきます。

だからこそ適切な情報（記事内容）も提供できます。
当たり前のことですが、ほとんどの方がやられていません。

今は、表面的なテクニックだけを知りたい人ではなく、
長期目線でブログや、ホームページを、自分の資産のつもりで
しっかりと育てていくスキルが必要な時代になっています。

まごころ塾講師
松原秀和

ウェブデザイナー任せでは集客できない

第1章で、「感動集客」における全体の設計図を描きましたが、作成には時間が掛かっても構いません。むしろ、集客しようと焦らずにきちんと時間を掛けていきましょう。

本全体を読んでいただければ感じていただけると思いますが、コツコツと積み上げた先の結果は大きく変わります。ネットからの集客・販売に悩んでいる方は、この土台作りをまったくやらずに着手しているので、準備段階では焦らずにしっかりと完成させましょう。

この第2章でお伝えしていくデザインも同様なのですが、多くの方が勘違いをしている部分があります。

まず、ウェブデザイナーにお任せをしている方が圧倒的に多いですが、大半のウェブデザイナーは、集客や販売のプロではありません。

いくら高いお金をかけて、デザインに優れたホームページや、ブログを作ってインターネット上に公開をしても（キーワードの部分でお話した内容と共通するのですが）、ターゲットとなるお客さまが見えていないと内容が伝わりません。

逆に迷わせてしまう可能性だってあります。

どういう人を集めたいのかは、イメージではなく、事前に依頼者が調べた上で、デザイナーさんに伝えないといけないことです。

ここを怠ると、キーワードのときと同じで、ズレが発生して滞在すらしてくれません。

結果的に直帰率が高いページとなるので、お客さまのアクションが店舗への訪問、商品の販売まで続かなくなります。

ネットは「三秒」ですべてが決まる

「私は素人だから、デザインなんてそんな難しい話」と思われたかもしれませんが、実はとても大切な部分です。そんなに難しく考えることはありません。基礎を知れば、これから応用も自由にきくようになります。

なぜデザインの基礎を知る必要があるのでしょうか?

それは、あなたのブログやホームページに、お客さまが訪問したときにページを「見るか?見ないか?」を検討するのに要する時間は、「三秒以内」で決まると言われているからです。僕はもっと速いんじゃないかなと思っています。

そして人が対面したときの第一印象と同じで、ブログやホームページもパッと見たときの印象があります。その意味でも、ホームページデザインは、その後の行動を決定づけていく部分の一つになりますので、非常に重要です。

例えばお店を経営されている方は、お店のカラーに合わせてホームページや、ブログを展開した方が、来店されたときの違和感は少なくなりますよね。

もちろん、万人から興味を持ってもらえるページが理想ですが、最初からそんな完璧なページをつくることはできないので、少しずつ手直しをしながら完成度を高めていきます。


まずは訪問者から直感的に「見づらい」「わかりにくい」「主旨が見えない」と、「悪い印象」をもたれないようにしていきましょう。

キーカラーはシンプルに

「感動集客」におけるホームページ作りでは、設計図までが終わって、実際にホームページやブログを作るときは、「キーカラー」となる色を決めるところから始まります。

ブログや、ホームページを作るときは、はじめての方ほど、さまざまな色を使って装飾したくなるものですが、あまり使い過ぎると、実はかえって逆効果になりますので、まずはメインのカラーを決めていきましょう。

例えば、初心者の方が記事を書くときは、とにかく目立たせること「だけ」に意識が向いているので、濃い原色を、文章の中にいろいろと使いがちなのですが、思っている以上に読まれていません。はっきり言うと、読まれないと言うよりも、すぐに閉じられています。

もちろん、彩度の高い色は鮮やかで、はっきりしているので、とてもよく目立つのですが、目立つからと言って、キーカラーを決めずに各色を使い過ぎてしまうと、「結果的に何を伝えたいのか？」が、逆にわからなくなります。

また明るく鮮やかな色は、実は目の疲れも誘ってしまうので長時間の閲覧に適していません。

そうなると、

「このページ、なんかイヤだな……」

とお客さまは瞬間的に感じてしまいます。それなら、どうすれば解消できるのでしょうか？

答えは簡単です。色を使いすぎないことと、濃い色を使わないことです。

濃い色の一歩、二歩手前にある、落ち着いた色を使うだけで、驚くほど反応が変わります。これが色についての基本的な考え方です。

実際に、色合いだけでテストをするとよくわかるのですが、色だけでこんな直帰率（アクセスしてから離れるまでの時間）に差が出るの？　とビックリしますよ。

基本的にブログや、ホームページの全体像に使うのは、ベースのキーカラーを一色として、メインを含めた二色の計三色です。

様々な色を使い過ぎても、結局、何を伝えたいのか、何がポイントなのかがわかりづらくなるだけですから、基本は三色で抑えていきましょう。

例をあげると、僕の人生を変えてくれた恩人の一人に永松茂久さんという方がいらっしゃいます。僕に本当の「感動集客」の意味を教えてくださった方です。

永松さんのブログも、キーカラーはアクアブルー、残りは白と黒の三色です。このぐらいシンプルな方が相手にストレスを与えませんし、しっかり読んでもらえます。

永松茂久さんのオフィシャルブログ　http://ameblo.jp/shigenii1214/

チャンスをつかむ画像の使い方

次に、ブログやホームページで、画像を使用する意味をお伝えします。

大半の人が、お店の雰囲気を伝えたり、商品を見せた方が相手に伝わりやすいからという理由で画像を使っていると思います。

もちろん、間違いではありません。ただ、インターネットから訪れる見込み客の多くは、普段からいろいろなページを閲覧している中で、あなたのブログや、ホームページにやってきています。

ブログやホームページの運営者となる僕たちは、常日頃から反応を上げるために、数あるホームページの中に埋もれていかないために、「意識」しておくべきことがあります。

それは、顔の見えないインターネットの世界において、第一印象が悪かった場合、見込み客は、基本的に戻ってこないということです。

常に「たった一度のチャンス！」という認識が必要です。
だからこそ、自分たちの「画像」に大きな価値が出てくるのです。

第1章で、ブレインダンプ、リサーチをして設計図を作っているので、どういう目的のホームページを作ればいいか、どんな記事を書けばいいのか、既に構成はできているはずです。そこに付加価値として、画像を活用していきます。

画像を通じて、お客さまに何を感じて欲しいのか？
画像を見たお客さまが、どんなイメージをするのか？

そこまで意識して、画像を使っていけば反応は大きく変わっていきます。最初はわからないかもしれませんが、意識して取り組むことが大切です。

しかし、ただ写真を使えば良いというわけではありません。

例えば、小さな子供に向けた絵本は、絵の内容や雰囲気を通じて、子供たちに伝えますよね。

絵や写真だけでイメージさせるだけの方がいいのか？
絵や写真にキャッチコピーを入れた方がいいのか？

こういう部分の変化だけでも、お客さまの反応は大きく変わっていきます。そこを知るためには、日頃からアクセス解析をチェックして、お客さまの反応を見ながら、画像を変えてテストを繰り返していかなければいけません。

ブログやホームページは「自分が作りたいページ」ではなく、常に「お客様がどんなページを見たいか」という意識で作る必要があります。

フォントは大切なデザイン

ライバル店のサイトと差別化をするためには、画像だけではなく、文章の表現力も必要にな

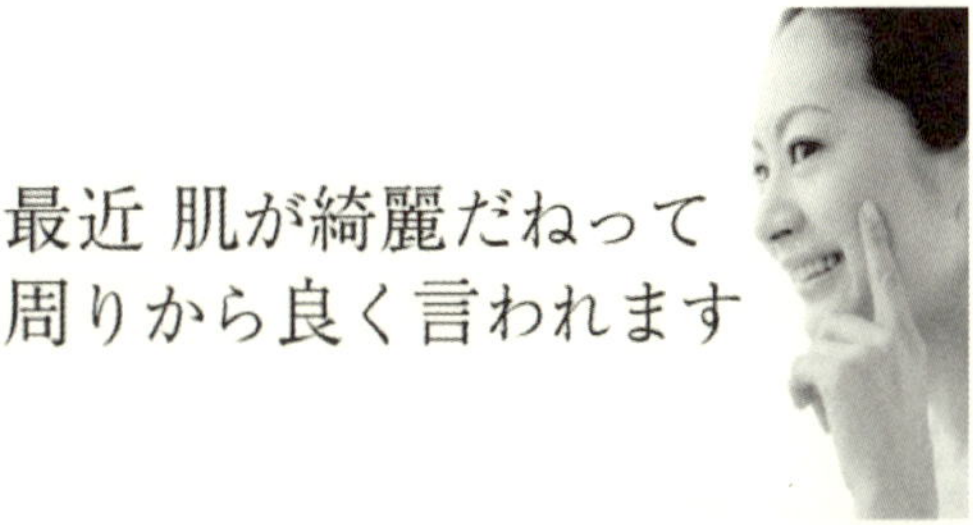
最近 肌が綺麗だねって
周りから良く言われます

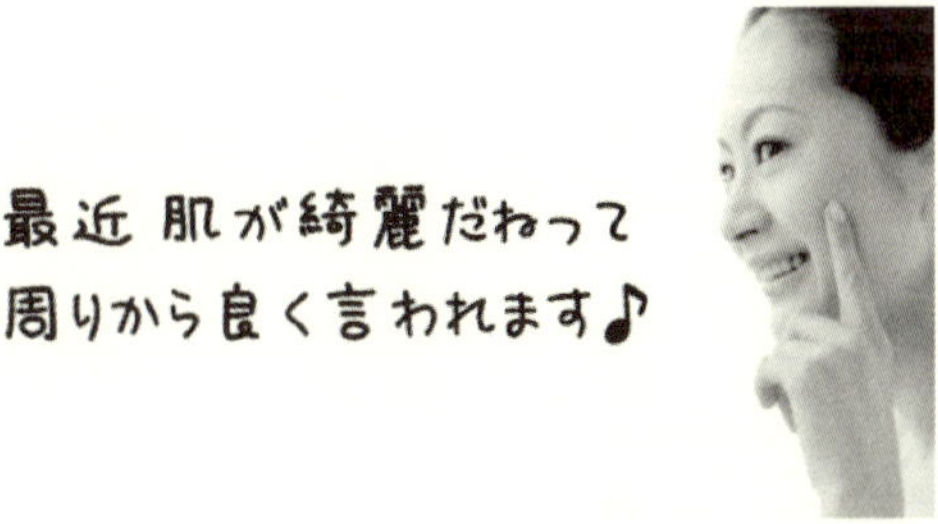
最近 肌が綺麗だねって
周りから良く言われます♪

ってくるのですが、その前に訪問者は、見た目の雰囲気が先にきていると思ってください。

はじめに「読む・見る必要性がある」と認識をさせなければ、ブログや、ホームページに記事をアップしていても読んでいこうという行動が起きにくくなりますので、キーカラーや、画像をはじめ、どのフォントを使うかだけで、全体の雰囲気は変わるので、訪問者の関心度や次の行動も変わっていきます。

フォントは視覚的効果がありますので、人はそこを瞬時に感じて、画像やキャッチコピーを見て読み取る行動に出ます。

また、漢字の部分だけフォントを変えてみたり、漢字だけサイズを大きくしたり、メインのキャッチと、サブキャッチのフォントを変えるなど、いろいろな工夫ができる部分でもありますので、こちらもアクセス解析を見たときに、画像などを加えているページの滞在時間が短い場合は、文章の中身を修正する前に、このような部分を見直していく必要があります。

ヘッダーとキャッチコピーで売り上げは変わる

あるページにアクセスしたとき、最初に目に飛び込んでくるのが「ヘッダー」です。ヘッダーとは、ブログやホームページの上部にある部分を指します。

ヘッダーにある画像やキャッチコピーを訪問者が見たときに、「どんなページなんだろう？ちょっと覗いてみたいな」と瞬間的に「次の行動」が決まる部分なので、かなり重要です。

このヘッダーの部分は、とても大切なのですが、ただ、訪問者にインパクトを与えれば良い

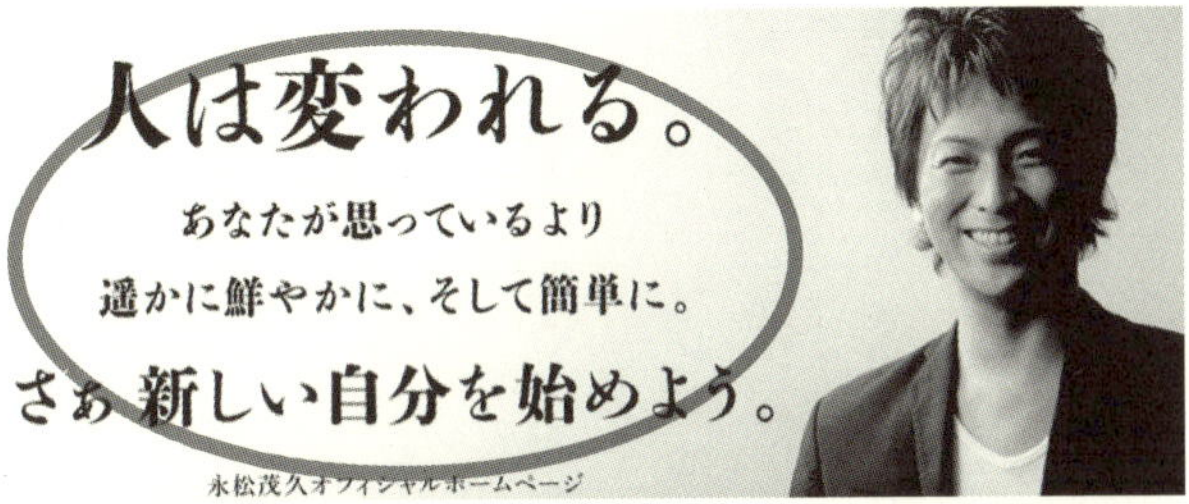
人は変われる。
あなたが思っているより
遥かに鮮やかに、そして簡単に。
さあ新しい自分を始めよう。
永松茂久オフィシャルホームページ

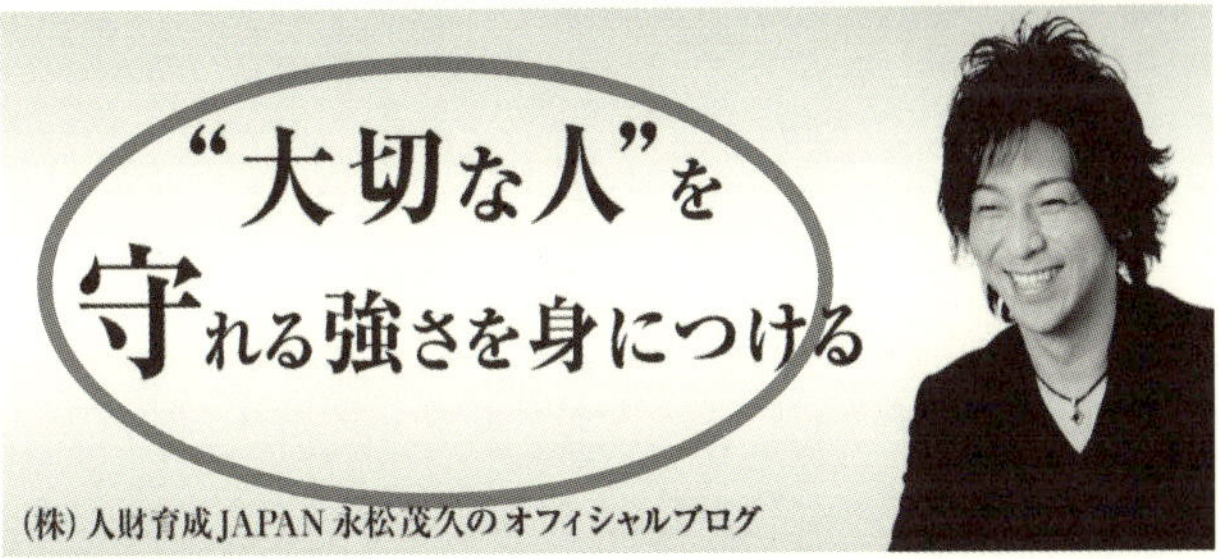
“大切な人”を
守れる強さを身につける
(株)人財育成JAPAN永松茂久のオフィシャルブログ

わけではありません。ヘッダーの中に、画像やキャッチコピーをたくさん入れている方が、本当に多いのですが、実はこれって、かなりもったいないことです。

気持ちは凄くわかるのですが、訪問者を迷わせるだけですし、本来、お店や商品が伝えたい「価値」が最初の段階で届きにくくなります。

例えば、ヘッダーにインパクトのあるフォントを使って、大きな文字でタイトルを入れてみたり、電話番号や地図を大きく入れたり、情報を詰め込み過ぎたページをよく見ます。

アクセスをしてくれたお客さまを、入口の

部分で迷わせてはいけません。
詰め込み過ぎはＮＧです。

実際に次のページのデータを見てみましょう。このデータはヘッダーに入れる「キャッチコピーだけ」を変えてテストしたものです（フォントなどは同じです）。

このときは五つのパターンのキャッチコピーをテストしたのですが、これぐらい訪問者の行動は大きく変わります。

■結果の出るキャッチコピーの作り方

キャッチコピーはいろいろと考えないといけませんが、ただやみくもに考えてはダメです。ここで、第1章で作った設計図がとても重要な役割を果たしてくれます。リサーチをきちんと行っていると、結果の出るキャッチコピーを作ることができます。

作り手が調べていないとイメージもできないので、ありきたりなキャッチコピーになってしまいます。

ヘッダーに入れる「キャッチコピーだけ」を変えてテストした結果

トータルヒット	ユニークヒット	販売数	成約率
154	136	117	86.03%
142	136	113	83.09%
149	136	135	99.26%
141	136	121	88.97%
148	135	116	85.93%

第１章に出てきた新宿の居酒屋さんを例にしてみると、魚が新鮮、飲み放題コースが安い、座席数が豊富などを、キャッチコピーで相手に伝えるよりも、

「いつ来ても居心地がいいねの言葉がなによりも嬉しいです」

「お客さまの「いつも」ありがとうは私たちの方ですいつも喜びの笑顔をありがとうございます」

こういうキャッチコピーだと、リピーターが多いお店だと感じませんか？

■まだイメージできていない「未来」を伝えてあげる

もう一つ例をあげましょう。あなたがエステのオーナーさ

んだとします。

「くびれを作りたくてお腹周りを気にしている女性」をターゲットにするなら、どんなキャッチコピーを作りますか？

よく見かけるのが、「最新の○○を使って今なら○千円」とか、「プロのエステティシャンによる○○○」などですね。

勘違いしないでほしいのですが、これが悪いと言っているわけではありません。ただ、それだけでは未来のイメージが湧きにくいんですね。


それよりも、「鏡に写る自分が今は大好きです」とか、「周りの目線が気にならなくなりました」の方が、綺麗になった自分の未来をイメージできると思いませんか？

ヘッダーに入れる画像をはじめ、特にキャッチコピーは商品を使って、悩みを解決させる部分にアプローチをかけるのではなく、**まだお客さまがイメージできていない「自分の未来像」を伝えてあげることが非常に大切です。**

これは僕が営業の仕事をしていたときに、マーケティングの一環として、何度も叩き込まれた部分で、「感動集客」として独立してからも、重宝しているところなので、具体的に説明します。


お客さまが満たされていない不満な状態は「ニーズ」と言います。

実は、そのニーズの前には「シチュエーション」と言われる、お客様の背景があり、さらにその前には、「アウトライン」と呼ばれる大元の概要があります。


アウトライン（概要）とは、簡単にいうと事業内容・年商・所在地など、個人だったら家族構成などです。

シチュエーション（背景・状況）とは、人の私生活背景にある具体的な状況をさします。私生活の中で解決したい悩みがあるからこそ、ニーズ（欲求・要望）があります。

このニーズに対して、僕たちは見込み客の方が抱える不満や要望を解決するために、ブログやホームページの中で、提案をしていかないといけません。

逆に僕たちから、お客様のニーズに向かう流れというのは、

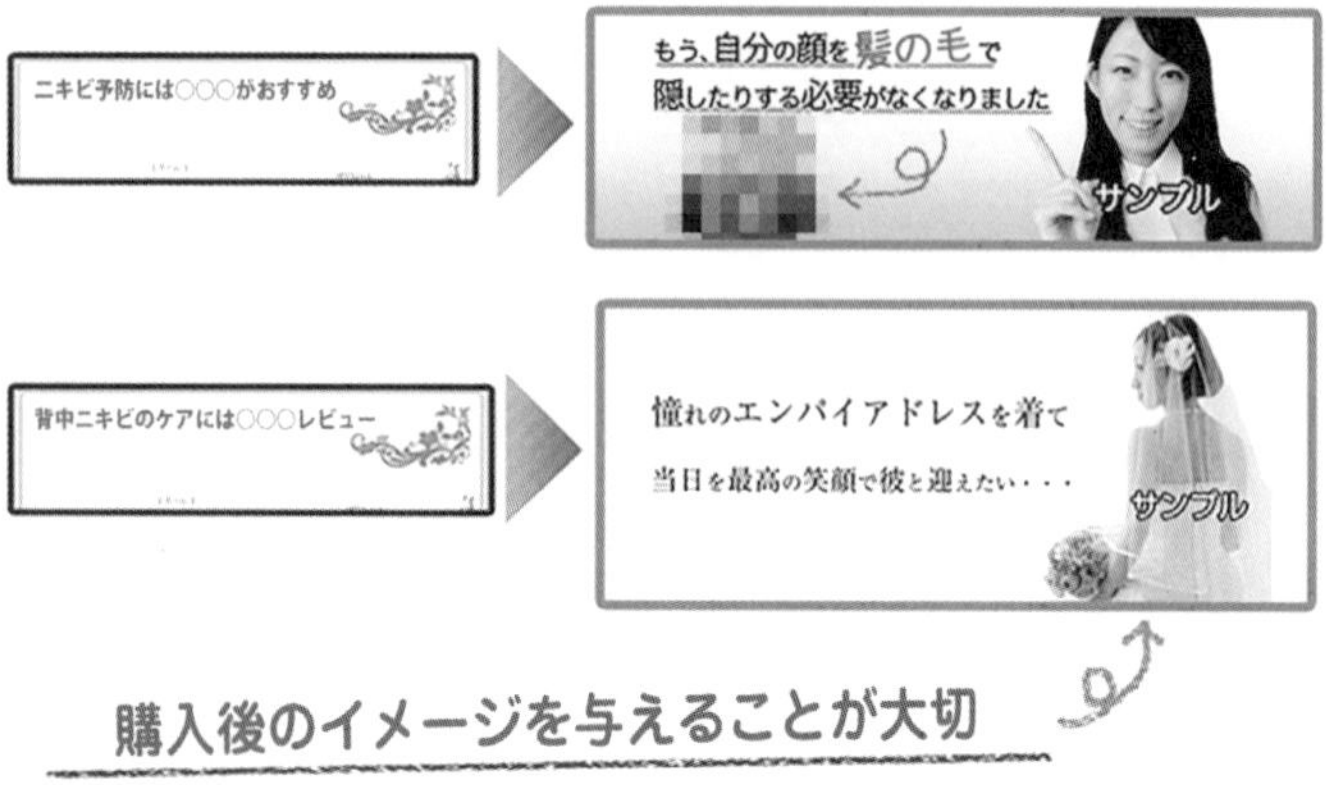

オファー　↓　フューチャー　↓　ベネフィット　↓
ユーティリティとなります。

僕たちが提案したいことや、紹介したい商品があるとします、これを「オファー」（製品・提案）といいます。次に「オファー」が持つ客観的機能・特徴を、「フューチャー」や「ファンクション」（機能・特徴）といいます。そして「フューチャー」が導き出すものが、「ベネフィット」（利益・利点）です。

ベネフィットという言葉だけが先走りしています。うまくいかないのはベネフィットが足りないから、弱いからと思われている方が非常に多いのですが、**本来、お客さまに向けて大切なのは、ベネフィットより「ユーティリティ」の部分です。**

ユーティリティとは、お客さまが商品を使って得た効能や、満足感のことを意味します。

例をあげます。あなたがニキビスキンケアの会社を運営しているとします。ターゲットとなる方は、当然ですが普段ニキビで悩んでいる方です。

あなたは、他社と比べて、独自の成分が配合されているので、ニキビが治りやすいという部分をベネフィットとして打ち出しても、購入後の未来を、お客さま自身がイメージできないと、見てみたいと立ち止まってくれませんし、行動も起きにくくなります。

ヘッダーのキャッチコピーをはじめ、商品を申し込むときに必要な一押しは、**ベネフィットで解決できることより、解決した後のユーティリティの方が大切です。**

もちろん、ベネフィットは必要です。しかし、それがすべてではないのです。購入者の喜びの声も、未来をイメージできるから効果があるのです。

第1章での洗濯機の接客の話も、実はこのユーティリティについての話をさせていただきま

《洗濯機におけるユーティリティ》

アウトライン（概要）
家族構成は、共働きの30代後半の夫婦、小学生の子供2人、
祖母が1人の5人でマンションにお住まい。

シチュエーション
旦那の帰宅が夜遅く、祖母の就寝が早い、隣の家も気になってしまい
洗濯が朝一番でしかできない、子供が学校にいく準備と重なり、
時間調整に悩む。

ニーズ
祖母の就寝を気にせず、
旦那や子供の朝のためにも夜遅くから洗濯したい。

こういうターゲットに対して提案することは

オファー
DDインバーター（音が静かな）洗濯機

フィーチャー
予約タイマー・節水機能・簡易乾燥機能が付いている。

ベネフィット
モーター音が静かだから夜遅くからでもタイマー予約で洗濯をしながら、旦那さんとの時間が作れる、モーターが静かなだけではなく、脱水時の横揺れも低減しているので祖母を起こす心配がない、雨の日も簡易乾燥機能でカバーをすれば、子供の運動服も早く乾かせる。

ココが大事

ユーティリティ
朝の準備時間にゆとりが生まれるようになってイライラがなくなった。
旦那の支度や子供の忘れ物チェックまで時間が使えるようになったので家族の笑顔が以前よりも増えた。

した。

その流れで、最後に洗濯機を例にして右にまとめてみました。

全体的なデザインの基礎を知るだけで、以前の状態よりも、**訪問者の反応や行動は、僕たち側で変化を起こすことができます。**

自分だけのオリジナル画像を作ろう

クライアントさんとのやりとりの中で、よく相談を受けるのが、画像制作についてです。やっぱりデザインの部分は難しく考えている人が多いんですね。

例えば、「この写真と、この写真を一つにまとめて文字などを入れてみたい」「この写真の一部だけを切り取った画像にしたい」など、要は、画像編集スキルを学びたいという相談です。

ほとんどのパソコンの中には、ペイントという無料のデザインソフトがインストールされているのですが、これでは最小限のことしかできませんし、一般的に有名なデザインソフトと言えば、フォトショップやイラストレーターが代表としてあげられるのですが、非常に高価で、操作も難しいんですよね。

そこで僕がオススメしたいデザインソフトが、ＧＩＭＰ（ギンプ）と呼ばれている無料の画像ソフトです。最近では、ＧＩＭＰの本もたくさん出ているので、だいぶんメジャーにもなりました。自分で画像編集や加工ができるようになれば、かなりの外注費を抑えることが可能になります。もちろん、ＧＩＭＰを覚えるまでには、ある程度の時間を要しますが、間違いなく将来に繋がるスキルです。

ＧＩＭＰは無料ですが、とても優秀でフォトショップが持つ機能に近いことができます。自分で画像の編集・加工を行いたい方には、非常にオススメのソフトなので、是非使ってみてください。

余談ですが、僕と一緒に「感動集客」を運営している人間がもう一人います。名を本田和彦と言いまして、とても頼れる相棒です。

僕は文化人や著名人の方のプロデュース企画・ブランディング構築、企業の通販支援などを

GIMPの使い方

メインで動いていて、相棒の本田は、個人事業主の方の店舗集客、個人のブランディング支援がメインでお仕事をさせていただいています。

ＧＩＭＰは本などを見ながら実践して覚えるよりも、使用方法に関しては、動画を見ながら覚えた方が早いので、今回特典の中に入っている本田が製作したＧＩＭＰの基礎から応用までをまとめた動画を活用しながら、デザインを学んでみてくださいね。

アクセス解析は必ず入れる

仮デザインも含め、全体として一通りできあがったら、次はホームページの中に**アクセス解析**を設置します。

本来なら、グーグルが無料で提供しているウェブマスターツールと、グーグルアナリティクスのアクセス解析の方を優先したいのですが、こちらについては、「感動集客」のホームページを通じて、また改めて詳しくお話をしていきますね。

今回は、アメブロも並行して運営している方もいらっしゃるかもしれませんので、アクセス解析は、どちらにも対応できるｉ２ｉという無料のサービスをオススメします。

http://acc.i2i.jp/

３章でお話をするアメブロにも、最初からアクセス解析が設置されていますが、理由はいろいろとありますが、まったく当てになりませんので、ｉ２ｉを使ってください。

なぜ、アクセス解析を設置しないといけないのか。それは自分が集めたいキーワードで、本当にアクセスがきているかを確認するためでもあるのですが、ここで終わってしまう方が、非常に多いのです。

本来のアクセス解析を使う理由として大切なのは、集めたいキーワードを確認するだけではなく、アクセスをしてきた訪問者が、**最初のページに、どのぐらいの時間滞在をして、次にどのページを見てくれたのか。その次はどこを見てくれたのか。そして、どこで離脱されたのか。このあたりまで検証していくために、**アクセス解析の設置が必須となります。

アクセス解析で訪問してくれた方の足跡などを見ながら、コンテンツ内の流れをチェックしたり、もっと滞在してくれるように写真の追加や、記事の内容・書き方・魅せ方など、検証と修正をしていくことで、ホームページ全体の質が少しずつ上がっていきます。

あなたのホームページは、インターネット上での名刺や看板になるものですから、作ったら終わりではなく、**本当は作ってからが、始まりなのです。**

クライアントさんの声

松野さんのコンサルティングは、
今までの営業のお仕事経験をもとにしたノウハウを、
サイト内のライティングや、デザイン作成に活かしているので、
とても勉強になります。

魅力的なサイトは重要なポイントが抑えられているからこそ、
読み手にとって興味を引くのだということがとてもよくわかりました。

まず、ヘッダー画像のフォントの違いや色遣いで、
第一印象がこんなに大きく変わるのかと驚きました。

「読み手の未来を描いてあげる」ということを意識すると、
パッと見ただけでこんなに心をつかむことができるんですね。
ちょっとの工夫で印象が大きく変わるので、
ヘッダー画像をはじめキャッチコピーの大切さを痛感しています。

私もかなり前からサイト作成に携わってきましたが、
ベネフィットまでしか書けていなかったので、
今までがもったいなかったなと思いました。
今は松野さんに教えてもらいながら、
ユーティリティをしっかり意識して
ヘッダーや文章に入れていくようにしています。

本田さんのGIMP講座も非常にわかりやすく、一通り動画を見れば、
キレイで目を引くヘッダーが無料で作成できました。

フォトショップでできることとほぼ同じことが
GIMPでできるようになるので、とても感謝しています。

村丸香織
https://www.facebook.com/kaori.muramaru

第2章　まとめ

●設計図に応じてTOPページを決める（説明文は一二四文字）
●キーワード選定は、リサーチをした上で決めていく
●記事タイトルは集めたいキーワードを左に詰めて魅力的なタイトルを心がける
●記事も、色も、ブロック全体として魅せる
●ブログやホームページ全体のキーカラーを決めて三色に抑える
●画像を使う理由をしっかりと把握した中で使用していくこと
●ブログやホームページに合わせたフォントを選ぶこと雰囲気を伝える
●ヘッダーに入れる画像やキャッチコピーは未来をイメージしてもらう
●GIMPでデザインのスキルを磨いていく
●アクセス解析を導入する意味を理解しておく

第3章

テーマに対するソーシャルの役割

アメブロはまだこれからも活用できる

感動集客では検索エンジンからの集客も意識しながら、アメブロを運営するのですが、2章のはじめでもお伝えした通り、アメブロメインで運営しても集客ができていない方は、アメブロの中にニーズがない中でやられているか、もしくはアメブロの中にいるユーザーの方に響くような記事を書いておらず、自己満足のブログになっているかです。

そんな中で……

「最近のアメブロは商用利用が厳しくなっているので、もう集客には向いていませんよ……」
「今のうちにバックアップをとって、今流行しているワードプレスにお引越しするべきです。今なら○○万で設置代行しますよ」

こういう情報が、インターネットの中では、結構流れていて代行されている業者さんもいらっしゃるのですが、そもそもアメブロで集客がまともにできていない、リピーターを生み出す仕組みもできていない、キーワード選定もよくわからない中で、ワードプレスに引っ越しをしても、まったく意味がありません。

確かに、商用目的としてアメブロを利用している方が増えたので、昔よりは削除されるケースも増えたと思います。

ただ、削除に対する本当の理由は利用者ではわかりません。ビジネス色が強くても残っている方もいますし、削除されている方もいます。

店舗系のブログは削除されていない方が多いですし、ブランディングの一環として使う分であれば、僕は大丈夫だと思っています。

ただ、何かしら商用利用としてアメブロを運営する場合、無料で利用するのは良くありませんし、無料だとアメブロ側の広告が四つ表示されますから、有料プランに変更してください。

有料プラン（月九八〇円）に変更すると広告が外せますので、最低限、広告を必ず外してから運営しましょう。詳しい内容は、こちらをご参照ください。

https://premium.ameba.jp/pc/#adpremium

ワードプレスは、ヤフーやグーグルの検索エンジン経由のアクセスがメイン集客となりますので、芸能人ならまだしも、キーワード選定をしていない中で、普通に日記を書いていても、自分が思っているようなアクセスは見込めません。

第1章で描いた全体の設計図を見て、アメブロでやるべきことと、ワードプレス（HPとして使う）でやるべきことを分けた方がいいと思います。

また、アメブロで下手なことをすると削除されやすいということは、一般的にもかなり認知されているからこそ、バックアップを取ることを進める業者さんがたくさんいますが、基本的にアメブロでバックアップした記事は、ワードプレスに使うものでもありません。アメブロがメインで使うものです。

また完全にアメブロから削除されて、かつ、今まで投稿した記事が、検索エンジンから見ても消えている状態ならば、バックアップの記事をワードプレスに移行したときに、再利用をしてもいいかもしれませんが、いつ削除されるかわからないからだけで、アメブロを放置したまま、ワードプレスに引っ越しをしてしまい、現時点でバックアップをとった記事を、ワードプレスで普通に投稿している状態は良くありません。

なぜなら、ヤフーやグーグルの検索エンジンから見れば、インターネット上に同じ記事が二つ存在していると判断するので、**重複コンテンツとして、後に作ったワードプレスの方が、検索エンジンからのペナルティを受けやすくなるからです。**

アメブロのみで運営をするのか？
ワードプレス（ホームページ）だけで運営するのか？
両方を利用してターゲットを絞って運営するのか？

頭だけで考えても答えは出ないからこそ、全体の設計図を描く必要があります。

他のブログサービスにはない機能が満載

アメブロは、フェイスブックと同じで、人が集まっているから利用するものであり、他のブログサービスにはない独自の機能があるからこそ、新規の見込み客を集める上で利用する意味があります。よく使われる機能をあげておきますね。

①読者登録は必須

基本的に、インターネットからブログやホームページに集客を図る場合は、キーワード選定をした上でタイトルを決めてから、ＴＯＰページを作り記事投稿をしていくことになるのですが、ライバルとなるページ数が多ければ多いほど、ヤフーやグーグルからのアクセスを安定して集めるまでには、それなりの時間を要します。

その期間を短縮してくれるのが、読者登録機能です。

読者登録は一日に五〇件登録をすることができるので、この機能を活用してアクセスを呼び込みます。やみくもに登録しても同じなので、アメブロの中にある、「ぐるっぽ」や、「ランキング」などを参考にしていきます。

見込み客になってくれそうな方を見つけながら、読者登録を始めてみてください（やり方はこれからお伝えします）。

ぐるっぽ　http://group.ameba.jp/category/list/
ランキング　http://ranking.ameba.jp/genre/category
アメーバー検索　http://search.ameba.jp/top.html

注意点として、当たり前ですが、読者登録をする相手はライバルとなる方にしても意味はありません（向こうもビジネス目的だからです）。

読者登録は、同業ではない、普通に利用している方にしていきます。またアメブロの更新をしていない方、読者登録を隠している方、ブログの中にお気に入りの表示をしていない方は基本的に読者登録をする必要はありません。

理由としては、「このブログの読者」の方は、最新の読者登録者が表示されるので、時間の経過と共に、トップページからの自分のブログリンクが消えてしまうのですが、「お気に入りブログ」の方は、あなたが記事を更新すると自分のブログへのリンクがあがってきます。

また読者登録をすると、相手の管理画面を通じて読者登録をされたことがわかりますので、「どんな人が登録してくれたのかな？」と興味を示し、あなたのブログに訪問されやすくなります。

読者登録で大切なのは、読者登録返しをしてくれそうな方に向かって登録をするのではありません。

自分の商売に興味を示してくれる人に対して登録をします。

それらを踏まえて、「読者登録返し」をしてもらうと、自分が記事を更新したとき、相手の管理画面にあなたの更新情報が表示されるので、読者登録をした後のリターンアクセスだけではなく、記事更新をすることで、管理画面やお気に入りからのアクセスも見込みやすくなります。

また読者登録は、最大一〇〇〇人まで行うことができるのですが、コツコツと登録をしていくと、一〇〇〇人の登録は一カ月強で終わります。

こちらが読者登録をしても、相手がこちらに興味を示してくれずに読者登録をしてくれないときも多々あります。

そういう場合は、こちらで読者登録をやめると、その分が整理されますので、また新規で登録ができるようになります。

②「ペタ」の使い方って？

アメブロの中で一番がんばらないといけないのは、読者登録ですが、もう一つアクセスアップに有効な機能があります。

それが「ペタ」という機能です。相手にペタを残すことで、何割かの相手からアクセスをもらうことができます。ペタは、一日に五〇〇回まで可能です。

ただ、このペタ機能は手軽な分、ビジネス目的の利用者が、ペタソフトを使って頻繁に使っていますので、昔よりも効果はかなり落ちています。

同じ人に対して、何度も何度も、ペタをしている人が多いからです。そういうこともあって、ペタは通用しないと言われていますが、僕はいまだにペタをしても、それなりの効果を得ています。

なぜかというと、ペタは一度しか残さないのと、読者登録でやることと、ペタの目的を分けているからです。

読者登録は、同業者じゃない人を登録しましょうと書きましたが、ペタで集客を促そうとす

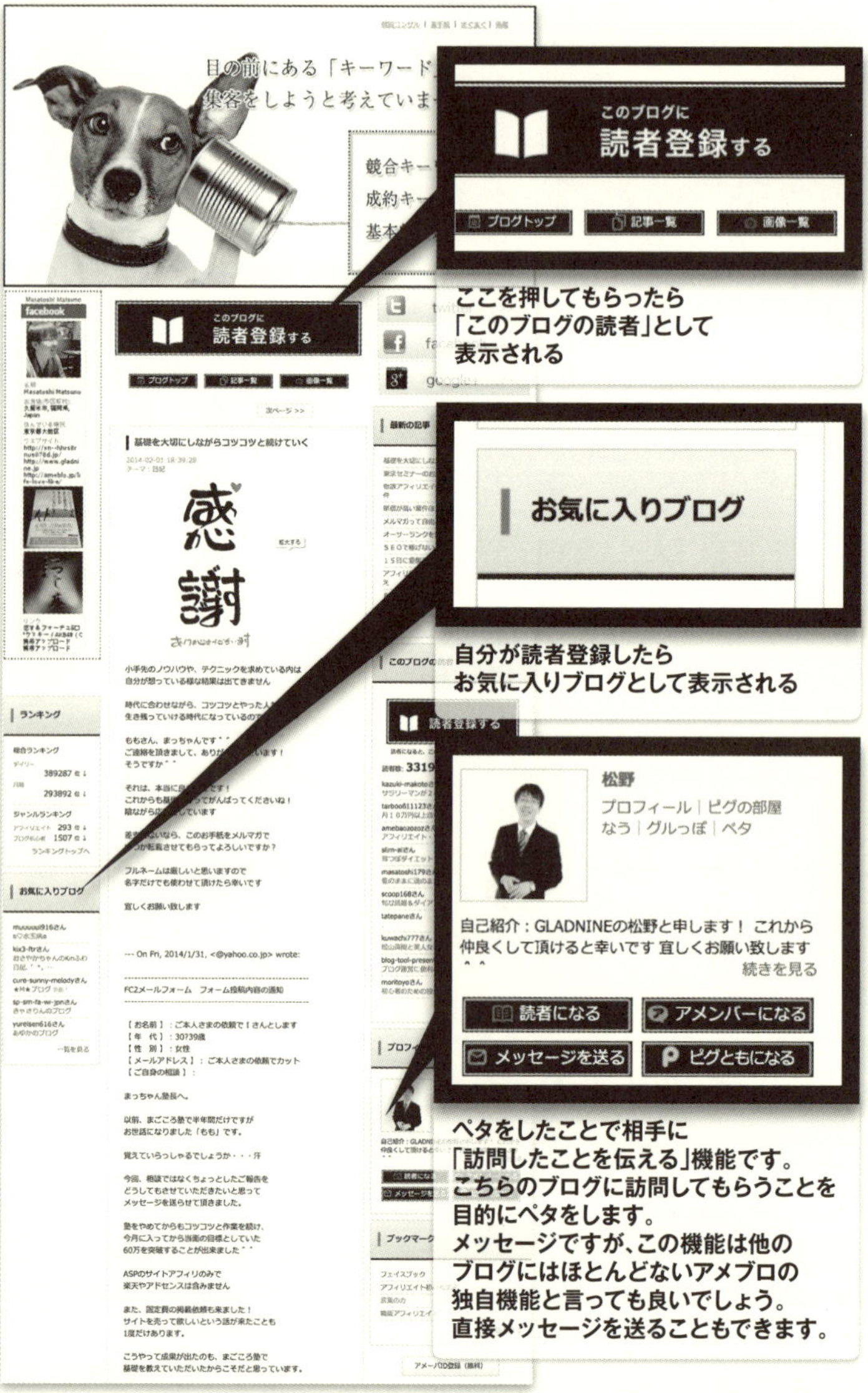
このブログに
読者登録する
ブログトップ
記事一覧
画像一覧
ここを押してもらったら
「このブログの読者」として
表示される
お気に入りブログ
自分が読者登録したら
お気に入りブログとして表示される
松野
プロフィール｜ピグの部屋
なう｜グルっぽ｜ペタ
自己紹介：GLADNINEの松野と申します！ これから
仲良くして頂けると幸いです 宜しくお願い致します
^ ^
続きを見る
読者になる
アメンバーになる
メッセージを送る
ピグともになる
ペタをしたことで相手に
「訪問したことを伝える」機能です。
こちらのブログに訪問してもらうことを
目的にペタをします。
メッセージですが、この機能は他の
ブログにはほとんどないアメブロの
独自機能と言っても良いでしょう。
直接メッセージを送ることもできます。

るときには、すでに同業者の読者になっている方にペタをします。
逆でもいいのではないか？　と思われるかもしれませんが僕は読者登録を行う上で大切なのは、自分のファンになってもらえるように、多少はジャンルの幅を広く取りながら、新規開拓をしていくことだと思っています。

同業者の読者になっている人に対して、読者登録をしてもいいかもしれませんが、既にファン化している可能性もありますし、よほど差別化できるものがなければ、こちらに引っ張るのが難しくなります。
だからといって、見込み客になる可能性はあるわけですから、ペタ機能を使って、様子を見るぐらいの感覚です。

二つの機能をご紹介しました。読者登録は一日五〇人、ペタは一日に五〇〇ペタができますが、一時間や二時間の手作業では不可能ですので、読者登録や、ペタをするときは、パソコンの中にアメブロ専用のソフトをインストールしてから、作業を行うことをオススメします。

これは何かの表を作るのに、定規を使って線を引いて作るのではなく、エクセルのソフトを使って、短時間で表を作成するのと同じで、時間を短縮する上でも、ソフトの利用は必要だと思います。詳しい内容は感動集客のオフィシャルページをご覧くださいね。

コメントやメッセージはどうしてる?

アメブロでは、コメント周りをしてファンを作りながら、アクセスを集めましょうと教えている人がいます。もちろん、それは間違いではありません。一つの方法としてはいいと思います。

しかし、僕はオススメしません。リピーターを生み出すための仕組みを作り上げる方が先だからです。それじゃ、コメント周りも、リピーターを生み出す一環なのでは? と思われるかもしれませんが、思い出してほしいと思います。

僕たちは、アメブロだけではなく、他にもいろいろなことをやらないといけません。そんな中で、一度コメントを返すと、ずっとその人に返さないといけなくなります。他の利用者が、そのやりとりを見たら、自分にもコメントをしてくれるだろうという期待感を持たせてしまうことを避けるためにもです。

最初はがんばれるかもしれませんが、二〜三度ぐらいコメントが返せなくなると、クレームもきますし、ブログにもきてくれなくなります。メッセージの場合も、内容にもよりますが、基本的には同じ考え方です。

それならば、はじめからコメントや、メッセージ機能をクローズにして使わなければいいのではないか、と思われるかもしれませんが、ブログの場合は特に、何かを伝えるための場所はあった方がいいのです。

なぜかというと、コメントやメッセージには、多くの悩み相談や、質問が入ってくるからです。

次で詳しく説明していきます。

記事更新のポイント

アメブロから直接やってきたコメントや、メッセージからの質問や相談には、基本的には返信をしないのですが、**その代わり新規で、Q&Aのカテゴリを作って、質問や相談に対する答えを一記事ずつ返していきます**（〇〇さんからの質問みたいに名指しではなく、表面的に見える相談や質問です）。

読者登録でお話をしましたが、復習も兼ねておさらいをしましょう。

アメブロのみでアクセスを集めるためには、読者登録をしたときのリターン、ペタ、記事を更新したときの三つがカギを握ります（＋検索エンジン経由からのアクセス）。

すべてが大切になるのですが、読者登録や、ペタ以外でカバーできるものは、記事更新からのアクセスしかありません。

クライアントさんの声

長沼と申します、私は新宿で整体・鍼灸院を経営しています。

私もブレインダンプから始まったのですが、取り組んだことで
自分の得意な部分や、成約に繋がってくるキーワードを
知ることができました。

あるときに自分が思っていた以上の結果が起きまして、
自分でも考えていなかった意外なキーワードから
お問い合わせがきたのです。

患者さんが悩んでいた部分を見落としていたことに
気づけただけでも感謝です。

今では、遠方からもご依頼をいただけるようにもなりましたし、
驚くことに、口コミが起きて新聞にも掲載されました。

東京新宿・曙橋テラフィあけぼの橋
院長　長沼
http://ameblo.jp/therapy-akebonobashi/

だからこそ、本来は必要のない日記などを書くのではなく、コメントやメッセージからきた相談・質問に対して、答えを返すつもりで記事をアップしていきます。

アメブロ経由で集客を目指す場合は、このパターンを僕はオススメします。

しかし感動集客では、アメブロ内での集客だけを狙うのではなく、キーワードを意識して作りますので、時間の経過と共に、検索エンジンからのアクセスも増えていきます。

仮にアメブロを利用する方が減ったときは、ゴール地点を変えればいいのです。アメブロ↓HPやFBページへの誘導、アメブロ↓メルマガ読者を増やすなどができるので、無駄になることはありません。

フェイスブック頼りは危険かも？

フェイスブック（以下、FB）の利用者は、ここ一年足らずで本当に利用者が増えました。はじめて会う方との会話の中でも、今では「FBやっていますか？」と交わされる時代です。

しかし、今は利用者が多くて活気があっても、いつ人気が低迷するかわかりません。すでに、少しずつ人の流れは、芸能人の利用が多いインスタグラムや、グーグルが提供しているグーグルプラスの方にも傾き始めつつあります。

フェイスブックだけで、集客をはじめ、ビジネスをしようとしてはいけません。ホームページや、ブログ、メルマガもある中で、フェイスブックもあるだけです。

もし、明日からＦＢが使えなくなったらどうしますか？

どうやって自分のことや、イベントなどのお知らせをしますか？

非公開グループ内で、やりとりしている方との連絡手段は他にも用意していますか？

何かのトラブルで、ＦＢが急に繋がらなくなったらどうしますか？

そもそも、ＦＢを利用する目的は何でしょう。

フェイスブックを趣味として使うのか、自分の仕事に利用するのか、人との繋がりとして利用するのか、目的は明確でしょうか。

例えば、**集客や宣伝目的でアメブロに書いた記事を、ＦＢで「ブログを更新しました」**と、ウォールに投稿している光景をよく見ませんか？

実はこれってまったく意味がない行為です。影響力がある方ならまだしも、よほど興味をもった内容じゃない限り、ブログまでのぞきに行こうとは思いませんよね。お付き合いの中で、「いいね！」を押すぐらいでしょう。

存在しているターゲット層が違うので、ＦＢのユーザーをブログに集めてもビジネスには繋がりません。第1章でリサーチをされているはずですので、これらの意味合いは、ご理解いただけると思います。

興味本位で数回は「ブログを書かれているんだ。それじゃ覗いてみよう！」と、何度かはアクションを起こしてくれるかもしれませんが、新規のお客さまにはなりにくいのです。

ＦＢから集客をしていきたいとお考えでしたら、ＦＢページを活用していきましょう（のちほど明記します）。

ＦＢは集客ツールではありません。結果的には、集客に繋がってはいきますが、はじめから集客目的として利用するのはＮＧです。まずは自分自身を伝えていくためのツールだと思ってください。

特に「個人アカウント」はそうです。ＦＢページはビジネス目的でもＯＫですが、個人アカウントはＮＧです。自分がどういう仕事をしているのかを伝えるためにありますし、自分と波長が合う方とコミュニケーションを取り、繋がりを生み出すためにあります。

■投稿のコツと注意点

投稿内容に触れる前に、あなたの基本データは現在どうなっていますか？

「自分はこういう人間で、こういう人と繋がりたい、こんな仕事をやっている」という部分は明確になっていますか？　例えば、あなたが友人の紹介を通じて、友だち申請をしたとき、相手は基本データを見ています。

逆を言えば、あなたが申請を受けたときも同じで、承認をする前には、相手がどういう人なのか、基本データを見たことがありませんか？

基本データは、友だち申請や、フォローをするための判断基準の一つになるので見直しておきましょう。

次に、あなたがどういう人なのかを知ってもらうためにも、投稿内容に関しては、**ある程度の一貫性を持たせてください。**「いいね！」がされなくても大丈夫です。

あなたがどういう人なのかが、周りに伝わってくると、必然的にコミュニケーションを取る相手も固定されていきますし、ある一定数の「いいね！」も安定してきますので大丈夫です。

そこから、ご縁が少しずつ増えていきます。

僕が始めた頃は、本を読むことが好きなので、本の紹介ばかりを投稿していました。本が好きな方は向上心が高く、心が広い方も多いので、そういう方たちとお友だちになりたかったからです。

もちろんＦＢページも本の紹介ページを作って、たくさんのご縁を頂戴することもできましたし、そこから「良い本を紹介してくれてありがとうございました！」とたくさんのメッセージもいただきました。そして仕事のご依頼にも繋がりました。

ほとんどの方が投稿を見ているようで流し読みですから、記憶に残してもらうためにも、しばらくの間は内容に一貫性を持たせていきましょう。

一定数の「いいね！」が集まれば、それは関係性ができ始めている証拠なので、言葉は悪いですが、**あなたが何を投稿しても「いいね！」はされていきます。**

また、一五分〜三〇分ぐらいの間隔で、連続投稿をされている方もいますが、これは非常によくありません。

自分だけに表示がされるのならいいのですが、**友だちやフォロワーの土地（ニュースフィード）を借りた上で、自分の投稿内容は反映されているので基本的に連続投稿はＮＧ行為だと思ってください。**

たとえ、現在友だちとして繋がっていても、あなたの投稿を完全に「非表示設定」にされてしまえば、今後は見られません。

次々に投稿したいお気持ちはわかりますが、友だちのためにも少し抑えましょう。連続投稿の怖い所は、頻繁に複数の友だちから非表示設定をされてしまうと、**ＦＢ側から見たあなた自体の評価が下がります**ので、普通に投稿しても、ニュースフィードに流れにくくなります（**友だち申請のやり過ぎ、通報をよく受ける場合も同じです**）。

自分を知ってもらうためにも、しばらくは「投稿する時間帯」を決めておくといいです。投稿の回数は人それぞれですが、朝の出勤の時間帯・お昼のランチ時間・夕方の休憩・夕食を終えた頃の時間帯などを決めて自分のペースで投稿をしていくと、覚えてもらいやすくなりますし、内容が良ければお気に入りにもされやすくなります。

ただ、一日に四回〜五回はちょっと多いかなと、個人的には思います。FBのシステム自体は、毎日投稿するユーザーを優先させて、ニュースフィードに表示させていくのですが、何回も投稿して非表示にされたら意味がないので、相手のことを考えながら、一日一回〜二回ぐらいがいいと思います。

友だちとの関係性

FBが国内で浸透する少し前、これからは「FBの時代だ！」と、やみくもに友だち制限数の五〇〇〇人まで増やした後に、変な情報をウォールに流して収益を得ようとしたり、有名な著名人と繋がりを持って、ビジネスチャンスを掴もうとした方がたくさんいました。

未だに友だち申請を頻繁に行われている方がいますが、やみくもに増やしてもまったく意味がありません。

なぜなら、仮に友だちが多くても、自分のニュースフィードに流れる投稿人数は、あらかじめ二五〇人前後と決まっているからです。

普通に考えて、数千人と頻繁にコミュニケーションをとることはできませんよね。特に友だち数が多い方は、友だち数に対しての「いいね！」が、平均で八％〜一〇％も満たないのであれば友だちの整理をした方がいいです。それだけ相手から見られていませんし、たとえ友だちだとしても繋がっていないのと一緒です。

「最近、あの人の投稿が流れなくなったな」と感じたときは、コミュニケーションを取らない友だちが多すぎるからです。実際に友だちの整理をしたらわかりますが、今まで自分のニュースフィードに出てこなかった友だちの投稿が出てくるようになります。

つまり、友だちを増やし過ぎると、本当の友だちの投稿内容がニュースフィードに流れなくなるのです。

また友だち申請をするときは、メッセージを送るのがマナーですが、友だちになったとしても、その後、コミュニケーションをまったく取り合わないのならば友だちになる意味がありません。人によっては、あなたの個人情報を抜きたいだけかもしれないからです。

今のＦＢは、トラブル防止のためにも、あなたが友だち申請などを承認するときに、「本当に友だちですか？」と、確認をしてくるぐらいシビアになっています。

仮にメッセージ付きだとしても、知らない方からの依頼は、相手の基本データを確認して、頻繁に利用している方なのか？　誰と繋がっているのかのチェックはした方がいいです。

違和感を感じたら、保留・却下・ブロックのいずれかでいいと思います。

基本データの中に、実際に面識がある方しか友だちの承認はしておりませんと明記をしたり、メッセージの返信の際に、同様の内容でお断りしてもまったく問題ありません。ここはシビアになっていい部分です。

またＦＢはエッジランクといって、独自の判断基準をもっています。友だち申請のやり過ぎはＦＢ側から、ペナルティを受けて一部の機能が使えなくなったり、最悪の場合は、アカウントを削除されることもあります。

例えば、普段から投稿をしない、「いいね！」もしない、コメントもしないのに、友だち申請だけをしてしまうと、数件申請をしただけで、アカウント削除になるケースも多々ありますので気を付けてくださいね。

新しいご縁は、普段から頻繁にコミュニケーションを取っている方々が紡いでくれるものです。それは相手（友だち）だけに求めるものではなく、自分自身も友だちに対して、同じ心構えでいるべきだと僕は思います。

■「いいね！」もらいたい病

「いいね！」についてもう少し掘り下げていきたいと思います。誰でも相手から、「いいね！」をしてもらうと嬉しいものですよね。たくさんの「いいね！」をもらうと、投稿内容が拡散していくのですが、**実は「いいね!!」の質が大切なんです。**

単純に「いいね！」だけを増やしたいだけなら、美味しそうな食べ物の写真、綺麗な景色をアップすれば「いいね！」の数は増えます。もちろん、普段から一定数の「いいね！」があるのなら問題ありません。

また、料理家さんや、写真家さんの場合だと食べ物・景色の内容がメインの投稿になるのならば、内容にも統一性があるので、FBページも同じ内容ならば、集客の導線になる可能性は高いです。

基本的に、あなたの発信は自分が思っている以上に、友だちやフォロワーには伝わっていません。

「いいね！」を集める投稿がダメなのではなく、繰り返しますが、はじめは一貫性を持たせた内容を中心に投稿を続けることが大切です。

同じような考え方、波長が合う方と繋がることが大前提です。

また友だちに、あなたが「いいね！」をしても、タイムラグの関係上、あなたの「いいね！」に気づかないときがあるので、内容に関心があるときは、コメントを入れていくと、友だちもあなたの存在に気づいてくれますので関係性が安定してくると、あなたの投稿にも「いいね！」が増えていきます。

また、コメントで注意してほしいのが、投稿内容を無視して、毎日「おはようございます！」だけを書き込むやり方です。少し年齢が高めの方に多いのですが、一人がやると、他の方も連鎖しますので、コメントの大半が、「おはようございます」ばかりで埋まってしまっている投稿もよく見かけます。これはFB側からすると、コメントスパムとして判断されるので、投稿内容に対して、自分が感じたことを伝えてあげましょう。

基本的に、FB側から見たあなたの個人アカウントは、シェア＞コメント＞いいね！の相対評価の割合で決まっていきますので、普段からシェアをされる、コメントも多い、「いいね！」の数も平均的な方の投稿は、少し古い投稿内容でも、他の方が投稿する内容よりも、ニュースフィードの中に残りやすく、多くの方の目に止まりやすくなります。

友だちと頻繁に「いいね！」やコメントを通じて、コミュニケーションをとっている方の投稿も、ニュースフィードに残りやすくなります。大切なのは利用バランスです。

今のFBは、偏りある使い方を非常に嫌います。

例えば、自分は投稿をせず、普段から友だちの投稿ばかりに「いいね！」をしていると、「いいね！」のやり過ぎとFB側から判断されて、「いいね！」に対して制限を掛けられたり、一定期間のコメント入力が禁止などのペナルティを受ける場合があります。

ＦＢが持つ独自のプログラムは正式には公開されていませんが、頻繁に細かい制限をかけられるとアカウント停止にも繋がります。

簡単にまとめると、「いいね！」をされた、「いいね！」した、コメントをした、コメントをされた、シェアした、シェアされた、友だち申請をした、友だち申請を受けた、などの一つ一つに点数みたいなのがあって、独自のプログラムで、個人アカウントの評価を決めている感じです。

友だちは数ではなくて質（どれだけコミュニケーションをとれているか）です。一〇〇〇人の友だちがいて平均の「いいね！」が一〇〇の人と、三〇〇人の友だちがいて平均の「いいね！」が一〇〇の人とでは繋がっている濃さが違うということです。この関係性がＦＢページにも活きてきます。

フェイスブックページを使う理由

ＦＢページは、個人でＦＢを利用していない方にも、ヤフーやグーグルの検索エンジン経由で閲覧することができます。

2章でもお話しましたが、ＦＢページのタイトル名は、しっかりとキーワードを意識して作ってくださいね。

これからＦＢページ運営をしていく中で、「感動集客」から提案をするのは、基礎から応用を含めて、**第一段階から第三段階までの流れがあります。**適当に運営をしていても意味がないのでしっかり段階を踏んでいきましょう。

基本的に個人アカウントでは商用としての利用はＮＧですが、ＦＢページなら商用利用が可能です。

だからこそ、ＦＢページに繋げるために、個人アカウントでは、「自分がどんな人なのか？」

Facebookにおいての各ページの役割

（1章に出てきた居酒屋さんを例にあげるなら）
基本的なテーマは同じ

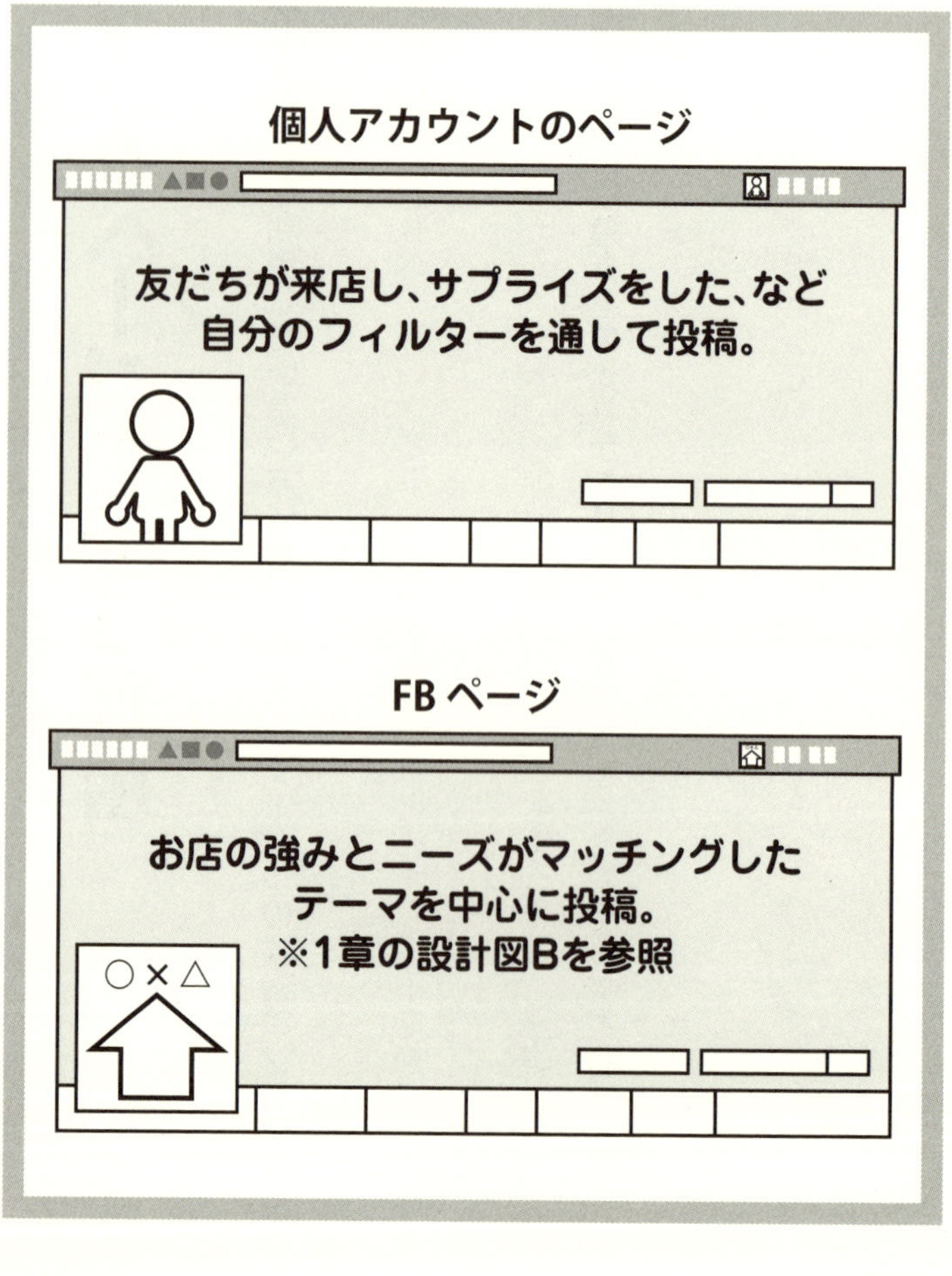

個人アカウントのページ
友だちが来店し、サプライズをした、など
自分のフィルターを通して投稿。
FB ページ
お店の強みとニーズがマッチングした
テーマを中心に投稿。
※1章の設計図Bを参照
○×△

というテーマを明確にしておかなければいけません。

ＦＢでよくある投稿の一つに、「ＦＢページを作りました、良かったら『いいね！』をお願いします」

という内容があります。あなたの所にも届いたことがあるのではないでしょうか？

友だちが多くても、普段からコミュニケーションを取っていない友だちに、ＦＢページのお知らせをしても大半の方がスルーですし、少し交流がある方も、そのときは「いいね！」をしてくれても、その後が続きません。

テーマに関係のない人を、いくらＦＢページに集めてもダメです。

また、ＦＢページを通じて質問や相談がきたものは、タイムラインの中で、回答してあげるのも一つの手です。質問や相談の内容に対して、強みとして答えを返せる内容ならば、今後、ホームページのコンテンツとして追加しても構いません。

次が第二段階です。第一段階ができるようになったら、ＦＢページにテコ入れをしていきます。最初からやってもいいですが、反応が取れないので、ゆっくり始めてください。

ＦＢページには、**「ウェルカムページ」**と、**「ファンゲート」**という二種類のページが存在します。ウェルカムページをクリックしてもらうと、自分のホームページを紹介できるページを表示させることができます

これらはアメブロや無料ブログでは基本的にはできませんが、アメブロの中に人がいなくなって、検索エンジンからのアクセスが集まる場合は、ゴール地点の構成をＦＢページにすれば大丈夫です。

検索エンジン経由からホームページへの集客までには時間を要するからこそ、設計図でお話した通り、ＦＢページを上手く活用していきます。土台を作り上げて、このようなサイクルを生み出していくことが大切です

次に、**ファンゲート**（ファン限定ページ）についてです。このファンゲートのページは、「いいね！」をしてもらう代わりに、こちら側であらかじめ用意したプレゼントや、アプリ登録をしてもらうために準備をしないといけないページになります。

Welcomeページ

"今"を生きる力が湧いてくる
心の本音
心に響く素敵な言葉｜本との出逢いで人生設計が豊かに変わる
いいね！2,216人・話題にしている人47人
いいね！
フォロー する
メッセージ
本
僕は本との出会いで人生が大きく変わった人間の一人です！これまで読んできた中で心に残った書籍を少しずつですが紹介しています！今を生き抜く為の答えが本には沢山詰まっています
2,216
特典！いいね！法則
ファン限定特典！
自分に語る「言葉」を変えた時に
人の「想い」は前を向き始める
コンテンツ
TOP
言葉のブログ
お問い合わせ
Official Blog
Facebookもチェック
心に響く素敵な言葉｜本との出逢いで人生設計が豊かに変わる
いいね！
あなたがいいね！と言っています。
ご挨拶
GLADNINEの松野と申します！はじめまして
僕は「本との出逢い」を通じて
自分の人生が大きく変わりました
身の回りで起きる出来事も、人との出会いも
全ては「本」がキッカケだったと想っています
ほんの少し前までは普通に15年の間
サラリーマンをしていたのですから・・
今は会社をやめてインターネットビジネスを
塾を運営しながらグローバルに教える立場です
今年の年末ぐらいには個人事業主の方や
中小企業向けに新しい塾も開校予定です
⇒ファン限定ページでは「いいね！の法則」をプレゼント中です♪
心の本音のフェイスブックページへようこそ！

「いいね！」をもらう前の案内ページが一つ、
「いいね！」をしてもらった後の案内ページが一つという感じです。

詳しい流れは、はじめの頃に本が好きな方と繋がるために作成したＦＢページをご覧になってみてください。

https://www.facebook.com/onlylovebook

「ファン限定特典」というアイコンが、ファンゲートページです。ファンページ内で「いいね！」を押してもらうと、別で用意したプレゼント案内のページに飛ぶというイメージです。プレゼント案内のページでは、メルマガで使う無料レンタル自動返信フォームを活用して、案内ページの中に設置をする形となります。

「いいね！」を押してもらい、フォーム入力が完了した後は、自動返信メール機能を使い、メールの文章の中にプレゼントを受け取るＵＲＬを提示するだけで、プレゼントを渡すことができます。メルマガ編で詳しく説明します。

ファンゲート

いいね！を押した後に
左記のページが出現

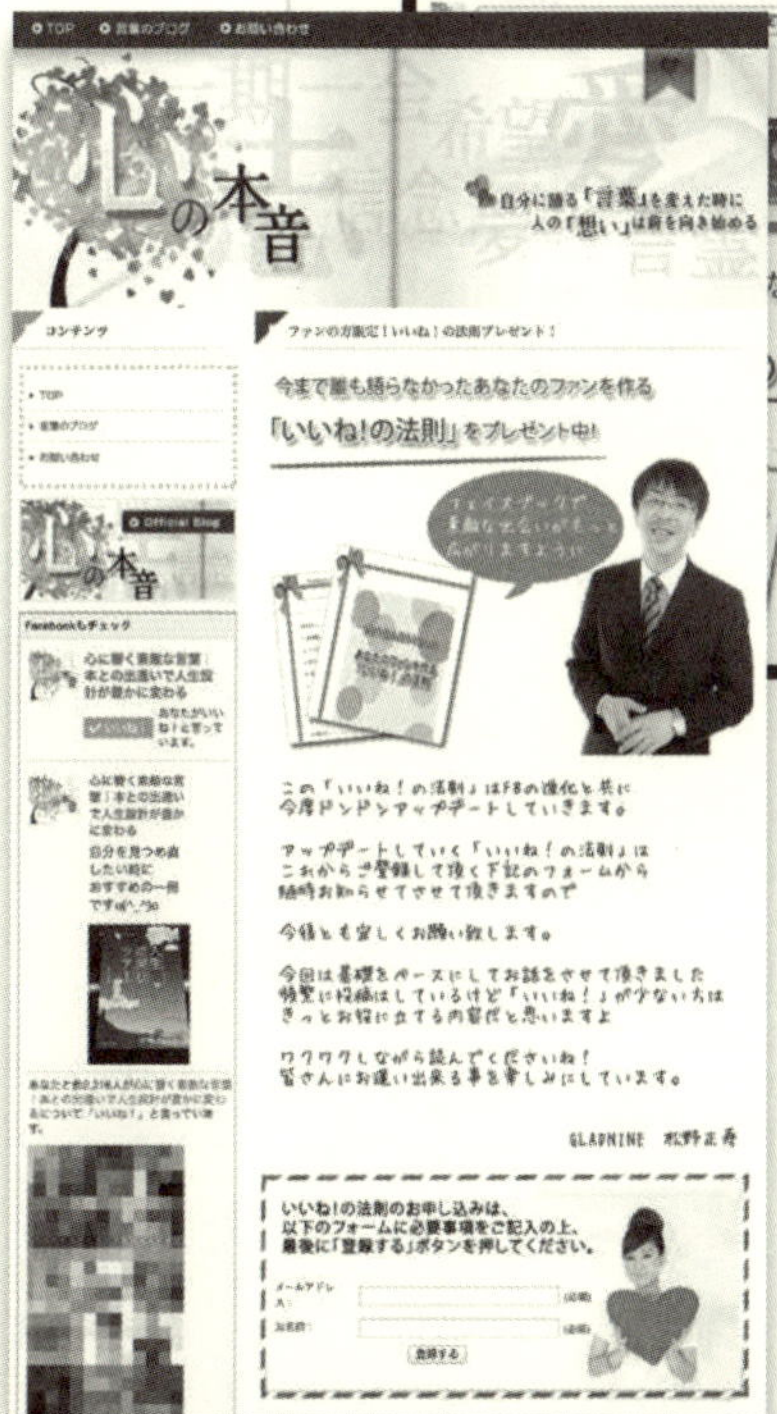

ファンゲート作成時に左記のような
メールフォームを設置する。

ＦＢページは、ただ立ち上げるだけではうまくいきません。ウェルカムページ、ファンゲートページはもちろんですが、その前にある、ホームページ、アメブロ、そして、ＦＢの個人アカウント、ＦＢページの中で投稿していく内容に役割を持たせないといけないので、はじめの全体像（設計図）が肝になります。ここまでが第二段階です。

ＦＢ広告を活用しよう

第三段階は、ＦＢ広告の利用です。集客にあまり経費をかけたくない方が多いと思いますが、ＦＢ広告の場合は、ヤフーやグーグルなどのリスティング広告より、個人が情報を出しているので使い方次第では大きな価値があります。

地域や年齢・性別は当たり前なのですが、スマホの端末ごとに分けたり（例えばiphoneやアンドロイドの利用者）または、大卒は大卒でも、早稲田卒のみの指定や、○○会社に勤めている方のみなどの細かい設定をして広告を出稿することができます。

広告の金額は自分で決めることができます。僕が本のＦＢページで広告を出稿していたときは、一日一〇〇円の設定でやっていました。予算はいつでも変更ができます。

また、「いいね！」のファンを獲得の単価などは、ＦＢが持つ独自のエッジランクで金額も大きく変わります。


フェイスブックページの「いいね！」を増やすために宣伝するのか？

複数ある投稿の一つだけを宣伝するのか？

直接、あなたのホームページに誘導をするために宣伝をするのか？


などの指定がＦＢ広告ではできます。例えば飲食関係の方なら、ＦＢページの投稿の中に、店内の個室をアップした内容があったとしますね。

タイムラインになっているので、投稿していく度に、個室の内容はどんどん流れていきますが、ＦＢ広告を使えば、この個室の投稿内容だけを広告出稿して宣伝することもできます。

第一・二段階の中で、設計図に応じた内容を投稿していると思いますが、その中で「いいね！」の反応が良かったものがあれば、それらをピックアップして、小分けにしながら、FB広告を打って宣伝してもいいと思います。

まだ、FB広告を出稿されたことがない方は、広告出稿するまでの流れを動画で作成しましたので、今回の特典から見ておいてください。

本来なら、もっと伝えたい部分があるのですが、FBページと広告の細かい部分だけでも、一冊の本になってしまいますので、FBページ関連についてはこのあたりで終わらせていただきます。

ただ、何度もお伝えしますが、FBを活用しての集客は、あくまで、今現在、FBに人が集まっているからこそできることです。FBだけに頼っていると、FBを活用する人が少なくなったときに、きつくなるのでバランスを大切にしましょう。

第3章　まとめ

- アメブロの中にターゲットがいるかどうかの確認
- ワードプレスに引っ越しする・しないの理由を明確に
- 読者登録とペタの違いを把握しておく
- 記事更新は相手のコメントやメッセージ
- 利用者がいなくなったときのリスクヘッジを考えておく
- 個人アカウントとＦＢページの役割を明確に
- 友だちとの関係性を見直す（投稿・いいね・コメントを含む）
- ウェルカムページ＆ファンゲートのページの理解と実践
- 一章の設計図（Ｂ部分）ホームページとＦＢページで提案する表現方法を明確にさせておく

第4章

リピートを生み出すメルマガの威力

恩人　松原智彦さんから学んできたこと

サラリーマン時代から独立までを通じて、僕にたくさんのことを伝授してくれた大恩人に、松原智彦さんという方がいます。

松原さんはメールマーケティングのスペシャリストで、メルマガを通じてお客様との信頼関係を高めていきながら、リピーターを生み出していくさまざまな戦術をこれまでメールマーケティングを活用してこなかった企業に取り入れることで、前年度を大きく上回る実績を何社も作られてきた方です。

僕はメルマガ以外でも、松原さんにはネットに関するさまざまなことを本当に数えきれないほど教えをいただき今に至るのですが、この章ではメルマガの部分に特化して、僕が松原さんから学んできたことをお伝えしていきたいと思います。

メルマガは終わっていませんよ

「もうメルマガは終わった！　これからはソーシャルメディアの時代だ！」と伝えている人が増え、業界全体にもなんとなくこのような風潮がある気もしますが、そんなことはまったくありません。もし、本当にそうならば、今の僕や「感動集客」はありません。

なぜそう言えるのかというと、**ネット上でのコミュニケーションの根本にあるものが、Eメールだからです。**

当たり前ですが、アメブロの新規登録も、ソーシャルメディア類の新規登録も、メールアドレスを入力してから新規アカウントを取得しますね。

アメンバー投稿などのお知らせを受けるときも、FBでコメントが入ったときのお知らせもメールです。

さまざまなソーシャルメディアが生まれては変化しているのですが、根底にあるものはいつもメールです。

つまり、**メールでのコミュニケーションは、まだネット集客や販売の中心にあるのです。**

ブログやホームページの集客だけに、目を向けている方が多いのですが、長い目で見てもメルマガの利用は必須だと思ってください。正しく言うと、ブログ・ホームページとメルマガは基本セットです。

顧客リストがあなたを支える

クライアントさんの共通する悩みは、「どうやったらブログやホームページをはじめ、ソーシャルメディアを使って、店舗の集客やブランディングができるのか」「自社商品を継続的に売るためにはどうしたらいいのか」が大半を占めます。

ブログやホームページ、ソーシャルメディアを活用した集客や販売は、とても大切ですし、本書でも説明してきました。

しかし、多くの人がおろそかにしている部分があります。

それが「メールマガジン」です。

ブログやホームページは、お客さまにアクセスをしてもらわないと見てもらうことができませんが、メルマガは自分からお客さまにプッシュをすることができるからです。

ブログやホームページ、そしてソーシャルメディアを活用する本当の目的は、表面上の集客ではなく、顧客リストを持つことです。

そして顧客リストを集め、しっかりとコミュニケーションやフォローをすることで、あなたやお店を「コミュニティ化」することです。

勘違いしてほしくないのですが、メルマガを使う目的は、「売るためだけ」ではありません。

メルマガは「お客さまや、興味を持っていただいた人たちとの関係性の維持」のために使います。関係性とは、お客さまとの信頼関係と言い換えてもいいかもしれません。

もちろん、ｍｉｘｉみたいなＳＮＳを、今は独自で作ることができるので、その中で関係性を維持することもできますが、感動集客では、メルマガをオススメしています。ソーシャルメディアからだけの集客を求めると、人が集まる場所を追いかけ続けていかないといけません。

今はＦＢやＬＩＮＥが流行しているので、メッセージのやりとりも、ＦＢやＬＩＮＥを中心に使われていますが、利用者が減ったとき、利用頻度が減り始めたとき、自分の手元に顧客リストが残っていないと、またゼロからのスタートになってしまいます。


今、ＦＢやＬＩＮＥのグループ機能や一斉送信機能などをメインに活用していても、新しいものが生まれれば、どんどん利用価値が薄れていきます。


しかし、パソコンのメールだけは根元の部分として、これからも活用されていくと思います。

だからこそ、メールアドレスの顧客リストを大事にしていきましょう。

自分だけの顧客リストをしっかりと持っていれば、仮にブログやホームページが、何らかのトラブルでなくなってしまっても、新規で作ったときメルマガを使ってお知らせすれば、アクセスを集めることができますので、リスク予防も同時にできます。

メルマガで関係性を維持しながら、信頼関係ができれば、メールを一通流すだけで、既存のお客さまに再来店を促すこともできますし、躊躇せず商品提案もできるようになります。

文字と言葉の違い

メルマガ配信者として、必ず意識してほしいことがあります。それは、メルマガを書くのではなく、**「お手紙を書く」**という感覚を持つことです。

人は同じ文字情報でも、ブログやホームページは「文字」として、メルマガは「言葉」として認識されます。つまり、読み手の受け取る印象がまったく違うのです。

ブログやホームページは、ターゲットを決めて、キーワードを決めて、タイトルを決めて、お客様が抱える悩みや希望に対しての記事を書いて答えを返していきます。感覚的に興味や共感をしてもらえることはできるのですが、「私だけのためにこのページが存在している」とは思われにくいのです。

しかし、メルマガの場合は自分「だけ」に届いたものだと感じてもらいやすくなります。それはメールを利用するということは、相手との連絡やコミュニケーションを取り合う手段として、普段の私生活で、頻繁に活用されているからです。

ブログやホームページは、自分がリサーチしてきた「あるターゲット層」に見てもらうための情報で、メルマガは「個人」に届ける情報と思っていただければいいと思います。

それを踏まえて、ブログやホームページは、ある程度のロジックを仕込んで集客・販売に繋げていき、メルマガはお手紙として関係性を保ちながら、感情で集客・販売に繋げていきます。

メルマガは手紙なので、集客・販売だけに焦点を当てて書いていると、売りの強さが読者さんに対して、露骨に伝わるので嫌われます。まずは読者との関係性を作りあげること、そして維持をするために活用しているという意識を忘れないでください。

読者さんの反応率には限界がある

例えば、よくクライアントさんから、

「メルマガの読者数は五〇〇〇人いるのだけど、自社商品をセールスしても全然売れない」

「セールや値引きのお知らせをしてもお客さんが来てくれない」と相談を受けるのですが、それは関係性の維持ができていない証拠です。

読者数はもちろん大事なのですが、本当に大切にしなければいけないのは精読者数です。

精読とは、細かいところまで丁寧に読むという意味ですが、まさにあなたのメルマガを熟読してもらわなければ意味がありません。

読者数が五〇〇〇人と言っても、この中でいつも読んでくれている精読者が、本当の読者となります。だからこそ、まずは精読者を増やすためにも、絶対数を増やすことがとても大切です。

そして現在、メルマガを配信されている方も、これから始める方にも、覚えておいてほしいことがあります。これは僕も松原さんに叩きこまれた部分なのですが、メルマガの反応率は、これからの勉強と経験で伸びてはいきますが、ある一定の限界地点が必ず出てきます。限界地点とは、あるときを境にメルマガの反応率は一定になっていきます。

反応率とは、「メルマガに掲載したURLをクリックした読者さんの数」と捉えてください。

仮にあなたのメルマガの平均反応率が一〇%としますね。六〇〇人の読者がいるなら、一〇%は六〇人です。六〇〇〇人の読者さんがいるなら、六〇〇人の読者があなたのメルマガに反応してくれたということになります。

反応率には限界がくるからこそ、絶対数を増やしながら、精読者数を増やす努力が必要になっていきます。そのため、ソーシャルメディアでも、ブログやホームページを作るときも、メルマガ読者を増やす仕組みを取り入れておく必要性が出てきます。

読者さんと心の距離を近づける六つのカギ

①読者さんからの反応は返ってきていますか？

メルマガ配信を始めると、どのタイミングで商品の提案や、セミナーの募集、イベントの告知をすればいいのかと悩むと思います。

目安として、少しずつ読者さんから感想や相談などが届き始めてきたら、提案をしても大丈夫だと思います。読者さんからの感想、相談はとても大切です。返信をするということは、読者側からすると勇気が必要なんですね。

その中で送ってくれていることは、メルマガがしっかりと読まれているということですし、少しずつ伝えたいことも伝わり始めています。

読者さんからの質問や、感想をもらいやすいように、配信者側から編集後記の中に、何かの質問を読者さんに投げかけてみたり、質問や感想フォームを作って送りやすい環境を作ってあげるのも良いと思います。プレゼントを用意して、アンケートを取るなども一つの手段ですね。

②配信時間をどうする？

次にメルマガを配信する時間についてです。

はじめのうちは、毎週何曜日の何時に配信をするなど、曜日や時間にも統一感を持たせてみてください。

もちろん、覚えてもらうためでもあるのですが、これが積み重なっていくと、楽しみに待ってくれる方が出てきやすくなります。あなたのメルマガだけを読んでいるわけではない可能性もありますので、それも踏まえて、配信時間には統一性を持たせていきます。

③配信回数の目安は？

次に、配信回数についてです。

「一日に何回ぐらい送ればいいのか？」

「一週間に何回送ればベストなの？」

いろいろと疑問が出てくるかと思いますが、それは人によって違いますし、ジャンルによっても違います。当然ですが無理してまで配信することもありません。

例えば、株関係のメルマガなら、一日に何回も送っていいでしょうし、教育関係なら一日に一回でも、三日に一回でも問題ありません。

メルマガとして見てしまうと悩みが出てしまうものですが、対面でのコミュニケーションと同じだと思ったら、接触回数が多い方が相手とも仲良くもなりやすいですよね。それと同じです。なので、あまり難しく考えず、お互いにとって無理のないペースで配信をすれば大丈夫です。


大切なのは読者さんをほったらかしにしないことです。きちんと定期的にコミュニケーションを取るようにしましょう。

④メルマガ解除は当たり前

次に、お手紙を配信していると、必ず気になってくるのが、読者のメルマガ解除だと思います。

せっかく登録してもらえたので、解除されたくない気持ちはすごくわかりますが、そもそも、メルマガは解除されるものだというくらいの感覚でいてください。

登録したことを忘れて中身を見ないままで解除する人もいますし、普段から複数のメルマガを購読している人だったら、メールを整理するために解除しているかもしれません。

必ず一定数は何かしらの理由で解除されて

忘れてはいけない発行者情報

① 発行者：○○○○
② 問い合わせ先：xxxxxxx@gmail.com
③ 連絡先：http://xxxxxx..com/
④ 購読解除：http://blog.mag2.com/m/log/0000225720/

① 発行者の氏名
② 相談・クレームなどの受付先
③ 誘導先に住所の記載
④ 解除先URLの記載

配信するときは特定電子メール法に基づき、発行者情報（名前・住所・メールアドレス）は必ず明記した上で日々の配信をしましょう。

います。

このように理由は人それぞれですから、解除されることに対して落ち込まないでくださいね。これから、メルマガを書いていくにあたって、すごく大切なところになるのですが、解除されないように遠慮して書く必要はまったくありません。しっかりと自分を出して書いてもらって大丈夫です。

場合によっては、編集後記の中で、腹が立った出来事を書いても構いません。僕は最初は躊躇していましたが、松原さんから学んでからは、キャラを作らず、等身大の自分で書くようにしました。

素直に感情を出すことで嫌われることもあるかもしれませんが、逆にその価値観に共感してくれる人も生まれます。

読んでくれる人は、ずっと読んでくれますから安心してください。

⑤あなたの気持ちでお手紙の長さは変わるもの

次に、メルマガ一通の文章の長さについてですが、僕は長い、短いのどちらが良いなどの決まりはないと松原さんに教えてもらいました。

つまり、文章の長さよりも、あなたが読者さんに、今日伝えたい内容をまとめて書く中で、長くなるのか、短くなるのか、というだけなのです。ちなみに僕は、毎回めちゃくちゃ長いです（笑）。

長すぎると疲れて読まない人もいますし、短すぎて伝わらないと感じる人もいるかもしれません。

書いていくと、自分のリズムもできあがりますので、文章の長さに関してはあまり難しく考えなくても大丈夫です。


配信者側が意識をもって書いていけば、読者からの感想・相談数をはじめ、ＵＲＬのクリック数なども含め、ちょうどいいバランスが取れてきます。しっかりと意識して、お互いにとって気持ちが良い空間を、お手紙の中で作れるようにしていきましょう。

⑥内容に対しての批判にどう対応するか

最後にお伝えしたいのが、メルマガを配信していると、批判のメールが届くことがあります。

これは必ずといっていいほど届きます。

これは、結果を出している人ならば、誰もが通ってきた道だと思ってください。人だからこそ感情が伴うので仕方がない部分です。

批判のメールが届いてしまったことで、これからの内容に自信が持てず配信ができなくなるという人もいますが、ここが踏ん張り時です。考え方によっては、批判のメールも、コミュニケーションの一つですから、悪質なクレームのような批判は除き、そこから、濃いファンになってくれる可能性もありますので、丁重に返しましょう。

「2対6対2の法則」のように、どれだけがんばっても、あなたのことが好きな人が二割、普通の人が六割、嫌いな人が二割いると言われています。

批判のメールのすべてが同じだとは言えませんが、メルマガは不要なら、いつでも解除をすることができます。それでも時間を使ってメールを送ってくれているわけですから、これから配信する上での学びとしてとらえてください。

ただ、いたちごっこになる可能性もありますので、批判を批判で返信をするのだけはやめてくださいね。常識がない内容は無視してもらって構いません。仮に、文面の中で「みんなそう思っていますよ」と書かれていても、みんなが思っていることはまず、ありません。

気にせずに書き続けていきましょう。

メルマガの読者数はこうして増やす

絶対数を増やす方法はたくさんあるのですが、今回は二つに絞ってお伝えします。

①目立つフォームや理念のページを設置する

次ページのように大きくメルマガのフォームを設置して目立たせておくと、どのページを見ても、訪問者の目に入るので登録もされやすくなります。もちろん、これだけもいいのですが、もう一つ、メルマガを読む理由を伝えるための新規記事（ページ）も用意するといいです。

どういうことをメルマガでは書くのか？　なぜ、読んでほしいのか？

メルマガを購読すると、どういうメリットがあるのか？

このような記事ページを、シンプルでいいので用意してください。普通にメルマガ登録フォームを設置しているよりも増えやすくなります。

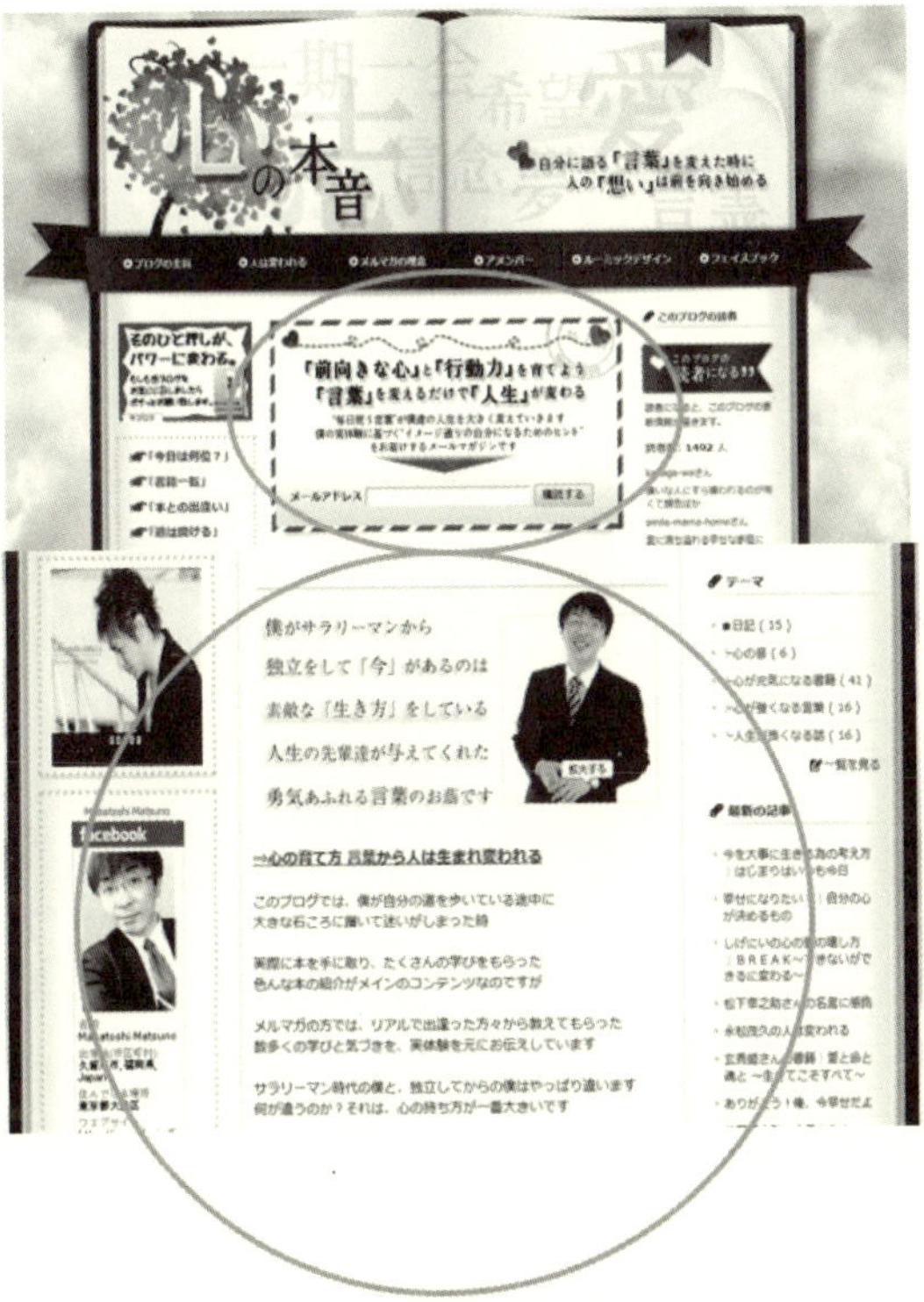

次が大切なのですが、メルマガ購読をした後には、通常登録完了の返信メールが届きます。募集の記事はシンプルでもいいのですが、この返信メールは、「登録が完了しました」だけで終わらせるのではなく、

登録してもらったことへの

感謝と、自分の「想い」を、しっかり詰め込んだ返信メールにしましょう（まぐまぐでは返信メールの編集ができません）。

実はこの登録後の返信メールで、購読を続けるのか、続けないかが決まると言っても過言ではないのです。登録してもらったからといって安心するのではなく、しっかりとフォローをしていくことが大切です。

②プレゼントを準備する

次に、メルマガ購読のお礼に、Ｅ‐ＢＯＯＫを作成してプレゼントをする方法です。

Ｅ‐ＢＯＯＫとは、自分が持っているノウハウやテクニックをＰＤＦにしたものをいいます。小冊子を配るようなイメージですね。

美容師さんのブログやホームページの場合、例えば、髪のスタイリングがうまくいかないなどの悩みが多かったとします。このような悩みを一つピックアップして、【髪のスタイリングが上手になるコツ】のようなノウハウをワードなどで作成して、ＰＤＦ化したものを、プレゼントする流れなどを作ると、さらに読者が増えやすくなります。

さきほどお伝えした、メルマガを読む理由を伝えるための新規記事（ページ）の中に、これらの内容を付け加えてあげると、さらに興味も沸きやすくなりますので、おすすめです。

ＰＤＦのデーターのアップロードは、ホームページを運営する上で、レンタルされているサーバーにアップすればＯＫです。こちらも、メルマガ登録後の返信メールの中に、データをアップしたＵＲＬを明記した上で、返信をしてあげるようにすれば手間も省けます。

ちなみに、アメブロをはじめ、無料ブログサービスは、画像はアップできますが、ＰＤＦ関係のデータはアップできない所がほとんどです。

アメブロだけがメインとなる場合は、ＦＣ２ホームページなどの無料サーバーで十分補えますので、こちらをレンタルして、データをアップされるといいと思います。

http://web.fc2.com/

何を、どうやって書けばいいの？

基本的な部分は、ひと通りお伝えできたので、少しずつ大切な部分に触れていきます。

メルマガに対して抵抗がある人は、
そもそもメルマガ（お手紙）って何を書けばいいのだろう？
また、どういうテクニックを使って書けばいいのだろう？
という疑問を持っているためにスタートできていません。

僕も松原さんに出会うまでは同じようなことを思っていました。そんな状態の僕に、笑いながら松原さんが教えてくれたのは**「自分らしく書けばいいんだよ」**ということでした。
「こういうふうに書かないと読者からは反応が取れません」というテクニック的な内容ばかり見ていた僕にとっては、シンプルな答えでしたが、非常に驚いた記憶があります。

実際に書き始めてもいない中で、先にテクニックを知りたがっていた僕の固定概念を崩してくれた意味のある一言でした。

今考えれば、どんな所にテクニックが必要になるのかなんて、日頃から書いていかなければわかるはずがありませんよね。

元々は、自分がインターネット販売（アフィリエイト）で学んだことや、経験したことを読者さんに伝えたいという思いがあったのですが、その奥にあるメルマガを出す目的が「関係の維持」ではなく、「売る」ことばかりに焦点が当たっていたことを、きっと松原さんは見抜いていたのだと思います。

昔の僕みたいに難しく考えずに、登録してくれた方が喜んでくれること、役に立ったと思ってもらえること、自分が嬉しかったことを、自分らしく書いてみることが大切です。

あなたの想いのこもった、あなたらしいメルマガだからこそ、それでいいのです。テクニックよりも基本的なことを大事にしてくださいね。

■等身大の自分で書けばいいだけ

ＦＢページの部分でもお伝えしましたが、何を書けばいいのかわからないと悩む必要もありません。ＦＢページでは、マッチングしているホームページのカテゴリになる部分に対し、表現方法を変えて投稿していくとお伝えしました。

メルマガの場合は、1章でお話した通り、マッチングしなかった内容でも書いてもらって大丈夫です。例えば、自分が伝えたい想いや、お店のこだわり、日々の出来事でも大丈夫です。

まずは、メルマガを通じてコミュニケーションを読者さんと図ることが大切です。

自分が伝えたい想いや、お店のこだわり、日々の出来事を配信していても、そのメルマガの一つ一つの中で語る言葉に、配信しているあなたも気づいていない、読者さんの来店キッカケになる言葉や、商品に興味を示す言葉があるものです。

人の生活スタイルは、顔が違うように一人一人違いますので、どこがキッカケになるのかがわからないのです。

もちろん、毎回、毎回、配信する内容については一貫性が必要です。例えばお店についてのメルマガを書くのであれば、「今日はお店のこだわりについて」、「次回はお店のイベントについて」など、お店に関するテーマを書いてください。

一貫した内容に対して興味を示す人もいるでしょうし、そこではなくて、配信者の考え方や趣味に共感してくれる人もたくさんいます。

例えば、僕が読者だったら、バンドでギターをしていたので、登録しているメルマガでギターの話をされたら、必ずそこに目が入りますので勝手に親近感が沸いていきます。

僕も、実際に何度も経験がありますので間違いありません。

基本は内容に一貫性を持たせながら、コミュニケーションを意識して書くことです。

編集後記をつくる

次に、メルマガの内容は一貫性をもって書かないといけないのですが、内容を書き終えたら、その後に「編集後記」という項目を作ってみてください。この編集後記は、読者さんにもかなり見られる部分なので、この部分に趣味の話、日々の出来事などを書かれるといいと思います。

まぐまぐの配信スタンドより、独自配信スタンドを選ぶ

これはシステムの話になるのですが、著名人も利用している、大手の無料メルマガ配信スタンドに、「まぐまぐ」があります。メールの到達率も良いですし、読者数が増えても、配信数に制限がありませんので、まぐまぐをメインで利用している人も多いのです。

ただ、無料で使えるのですが、同じジャンルで配信している、別のまぐまぐメルマガに登録される怖れがあるので、同じジャンルで配信しているメルマガが多ければ多いほど、自分のメルマガを見られる機会が減り、反応が落ちて解除も増えます。

無料なので、自分が配信するメルマガの中にも、始まりと終りの部分に、まぐまぐ広告が入

りますから、その広告へ飛んでいかれる可能性もあります（有料で広告は外せます）。
また、まぐまぐを利用すると、自分で読者の管理ができないのと、「○○さんへ」という、名前の差し込みを入れての配信もすることができません。

さきほど、お伝えした、E-BOOKを含め、いろいろな所で集まったメールアドレスを、自分のメルマガに代理登録をしようとするとき、まぐまぐの場合は、事前に代理登録申請を行う必要があります。詳しい説明はまぐまぐのページをご参照ください。

http://www.mag2.com/sv/more_readers/dairi/

〈注〉

まぐまぐの場合、自分で返信メールを作成することができません。
E-BOOK目的で登録をしてくれた読者がいる場合は、読者が登録した後に連絡をしてもらうためのメールフォームを用意しないといけません。
同じように、FBページからファンゲートに入ってもらったときに、何かをプレゼントするときも、ファンゲートのページにメールフォームを設置する必要があります。

FC2メールフォーム

http://form.fc2.com/

それでは、独自配信のスタンドはどうかというと、ほとんどが有料です。ただ、まぐまぐにはない便利な機能がたくさんついていますし、のちほどお話しますが、たとえ有料でも、代理登録は自由に行えます。

返信メールも自由に作成できます。機能を使う上でランニングコストを比べても、独自配信の方が結果的に、まぐまぐよりも安くなります。

表面的な部分で比較するとこんな感じになるのですが、僕は独自配信の方をオススメします。一番シンプルな理由としては、読者管理や、名前の差し込みができるという部分よりも、**限りなく自分のメルマガしか読んでいない人を読者にすることができるからです。**

また独自配信スタンドは、本当にたくさんあるのですが、すべてが同じ機能を備えているかと言うと、そうでもありません。

毎月の利用料が安くても、月の配信数に制限があったり、ステップメール機能の有無、楽天やアマゾンにみられる、長いＵＲＬを短縮ＵＲＬに変換できる機能の有無、クリック測定機能の有無、複数のメルマガ運営の有無などの違いがあります。

これら基本的な部分を網羅して、毎月の値段もリーズナブルな配信スタンドの一つに、ワイメールさんがありますので、僕はこちらの配信スタンドをオススメしておきます。

http://www.y-ml.com/function.php

独自配信機能の中で便利なのが、お手紙の中に掲載したＵＲＬを、どれだけクリックしてくれたのかを確認できる**「クリック解析機能」**です（まぐまぐの場合は、別の所から有料で用意する必要があります）。

これは関係性がどれだけできているのかの目安にもなりますし、また読者が興味をもつ内容などを確認する上でも、非常に重要な役割を担います。

特にはじめのうちは、毎回の配信内容に対して、自分が思っている期待値と、読者の反応は違いますので、この距離を縮めていく上でも役立ちます。

また、どこの位置にＵＲＬを載せた方が、クリックをしてくれるのか、などもわかります。

メルマガを配信する内容について、いろいろな話を混ぜるのではなく、統一性を持たせましょうということはお伝えしましたが、これは掲載するＵＲＬの内容についても同じです。

編集後記の中なら趣味などもあるので違ってもいいと思います。

しかし本文については統一感を大切にしましょう。

また、一つの内容について書く中で、同じＵＲＬを複数掲載する場合は、最高でも二個〜三個ぐらいに留めておきましょう（しつこいと嫌われます）。

繰り返しますが、集客や販売の前に、まずは読者があなたのＵＲＬを違和感なくクリックすることに慣れてもらうことの方が大事です。その日々の積み重ねで関係性が、少しずつできあがっていきます。

リピートを生み出す魔法のステップメール

ステップメール機能をご存じでしょうか。あなたが事前に設定をした数通のメールを、パソコンの前にいなくても、自動で送ってくれる機能です。

ステップメールを活用することで、商品のリピート率を高めることもできますし、ブランディングにも大きく役立てることができます。

登録後　↓　自動返信メール（このとき、同時に現在配信しているメルマガにも登録させてもらいますという説明をしておく）

これは、毎日送るように設定してもいいですし、二日後に一通目のメール、四日後に二通目のメール、五日後に三通目のメールなど、自分で配信ペースを設定することも可能です。

美容室がステップメール機能を使うのならば、

「髪を綺麗に保つために自宅でできる七つの秘密」

のような役立つ講座を作成して、メルマガ登録を促すことも可能です。

簡単にステップメールの機能を説明させてもらいましたが、具体的にどんな内容を書けばいいのか、どんなシナリオを組んでステップメールを組めばいいのかが、イメージしづらいと思います。

僕も最初はまったく分かりませんでしたが、何回も作っていくうちに絶対に集客に繋がっていきますので、一緒に作り上げていきましょう。

申込み後のフォローができていない

個人事業主の方をはじめ、企業のWeb担当の方とお話をしていると、

「いや〜松野さん、新規の集客はもちろんなんだけどね、そもそも、リピーターが生み出せないのが悩みなんだよね」という内容は、会話の中で必ず出てくるのですが、

「今、ステップメールを使っているのだけど、これがうまくいかなくて」

という内容は、一言も出てくることはありません。

もちろん、ステップメール自体を知らないこともあると思いますが、それぐらいメールの機能を、有効に活かしきれていない方が、圧倒的に多いのが現状です。

ただ、クライアントさんのお話を聞くと、いつも感じることがあります。１章の終わりでもお話をしましたが、リピーターを生み出す仕組みをきちんと作ってから新規顧客を集める開拓をするべきなのですが、逆のパターンがほとんどなのです。

例えば、インターネットから何かの商品を購入したとき、メールの受信ＢＯＸに「お申込みありがとうございました」という返信メールが流れてくると思います。そしてその数日後、「本日商品の発送を致しました。到着までしばらくお待ちください。この度は○○サービスをご利用いただきましてありがとうございました」でやりとりは終わりです。

販売後のアフターフォロー（ステップメール）が何もないからこそ、チャンスロスが発生して、リピーターが生まれてこないのです。

さきほどの美容室さんを例にすると、ブログやホームページの中にある商品紹介ページからシャンプーを購入してもらったとします。

今までのように、「購入していただきありがとうございます」だけで、完了するのではなく、商品到着後を想定して、ステップメールを数日に分けて組み込んでおくとしましょう。

①商品はお手元に届きましたでしょうか？
②商品の使い心地はどうでしたか？
③多くのお客さまに愛されている理由
④使い心地を実感してもらうためには、こんな方法もあります
⑤私も昔はこういう苦い思い出があります
⑥こういう不安があるときは、この商品と併用されるお客様も増えています

などの提案が、パソコンの前にいなくても、購入者のフォローがステップメールを使えばできるのです。今まで機会損失になっていた部分を、ステップメールで補います。

通常の返信メール（ファン化しにくい）

ご経験があると思いますが、インターネットから何か商品を購入したとき、
メールの受信ＢＯＸに

「お申込みありがとうございました」

という返信メールが流れてくると思います。
そしてその数日後、

「本日商品の発送を致しました。到着までしばらくお待ちください。
この度は○○サービスをご利用いただきましてありがとうございました」

で、やりとりは終わり。

販売後のアフターフォロー（ステップメール）が何もないからこそ、
チャンスロスが発生して、リピーターが生まれてこないのです。

ステップメール（ファン化しやすい）

※ブログやホームページを通じて、シャンプーを購入してもらったとします。
（自動返信だけでやり取りを完了させるのではなく、ステップメールでフォロー）

商品はお手元に届きましたでしょうか？

⬇

商品の使い心地はどうでしたか？

⬇

多くのお客さまに愛されている理由

⬇

使い心地を実感してもらうためには、こんな方法もあります

⬇

私も昔はこういう苦い思い出があります

⬇

こういう不安があるときは、この商品と併用されるお客様も増えています

これを複数のメイン商品ごとに組み込んでいけば、もっとリピーターは増えていきます。ホームページやブログだけでは、ライバルが見えない部分なので必ずやっていきましょう。

このシナリオの精度を高めていかなければいけませんので、最初はうまくいかないと思います。しかし、トライ&エラーを繰り返すことで、自分たちしかできない魅力的なシナリオは、必ず生みだせます。

購入した後、ここまで親切にフォローメールが届くならば、シャンプーを購入してくれた方も嬉しくなると思いませんか?

ここまでしてくれるのなら信頼性が増すので、通常配信のメルマガの精読率も高くなりますし、今度は通常のメルマガ配信から別の商品を提案しても、迷わず購入していただける機会も増えていきます。

別の商品を買ってもらったときも、先程と同じようにステップメールでシナリオを作り、フォローメールを入れてあげると、リピーターが増えるだけではなく、その購入者の方の中の一部から、濃いファンになってくれる人が少しずつ増えていきます。

これが積み上がっていくと、今度はファンの方たちが勝手に商品をはじめ、お店の対応や感動したことを、自分のホームページやブログを使ってオススメしてくれるので、あなたがお願いしなくても、大きな宣伝媒体になっていく可能性も充分あります。

毎回の配信の中には、最後までメールが途切れないように、編集後記などを使って、次回はこういうお話をしますという内容を必ず明記して、意識付けを忘れないようにしてください。

また、ステップメールも通常のメルマガと同じように、配信する時間帯は統一性を持たせて配信をしましょう。

リピーターを生み出すためにも、ステップメールは必須項目の中でも高い位置にありますので、繰り返し実践してくださいね。

最後に、これからシナリオを書くことになると思いますが、忘れないでほしいことがあります。

それは、どんなときも「あなたからのお手紙」だということです。

どちらにしても精読率を高めるために、シナリオを作っても必ず修正が必要になるのですから、最初から綺麗・丁寧に書こうと思わなくて大丈夫です。

やっていくと体感すると思いますが、「本当にありがとうございました」「感動しました」「自分もそう思います。一気にファンになりました」などの嬉しいメールがいつも以上に届くようになっていきます。

相手のことを考えながら、自分の想いを大事にして書いていきましょう。

クライアントさんの声

私も販売者として、購入者さまにメールを通じて、
さまざまな情報を配信するのですが
メールを開いてもらうための開封技術や、
URLをクリックしていただくための技術なども必要になっていきます。

このような技術は、何度もメルマガを書いていくうちに、
少しずつ身についていくのですが、
一番大切なことはメルマガ配信者による内容の一貫性です。
この一貫性がないと、ただの「自己満足メール」になってしまうのです。

なぜ、私がこれだけ言えるかと言いますと、
私は松野さんにメルマガの「あり方」について学びました。
私が書いた文章を提出しては、訂正のメール返信だけではなく、
動画でも送っていただき、何度も修正をしてきました。

しかし、なぜ、あれだけ修正を受けたのか？ 今ならよくわかります。

個人事業主さまも、企業さまも、
メルマガは関係性の維持を保つ上では、
非常に有効な媒体になりますので活用しない手はありません。

あなたの「メルマガ」が、
読者さまにとって「お手紙」に変わっていくためにも
実践でつまずいたらこの本を繰り返し読んで、
そのとき、そのときの気づきを増やして次に
生かしていただけたらと思います。

本多周治

第4章　まとめ

●メルマガはコミュニケーションとして活用すること

●ブレインダンプでマッチしなかったものからでOK

●一通に対してテーマは一つ

●ラブレターの意識を持つこと

●ステップメールの仕組みをしっかり理解すること

第5章

感動集客のすすめ

「忙しい」が生み出したもの

今回の「感動集客」を通じて、今までバラバラだったものを一つの大黒柱にすることで、リピーターを生み出すサイクルが動き始めますので、お客さまと長期的な関係性を築くことができます。

全体に役割を持たせて運営をすることで、ライバルが同じ土俵にきても、簡単には負けない仕組みですし、何をどうやっているのか見えない部分です。

勝つのではなく、負けない仕組み作りが大切です。

多くの方々が、なるべく無駄な費用を抑えつつ、インターネットの力を借りて、集客や販売をしたいと思われています。ならば面倒くさがらず、最初の段階だけはそれなりの辛抱が必要だと僕は思います。

夢は夢で終わらせるのではなく、夢を目標に変えないといけません。なぜなら、夢は現実の積み重ねだからです。

僕はこの本でわかっていただいたことを、実際の実践を通じて効果を体感してもらいたいと思っています。そのため、この章では、僕自身が、普通に仕事をしながら試行錯誤してきた中で、上手くいった具体的なやり方をお伝えしたいと思います。決して理想論ではありません。あなたと同じように、時間がない中で生み出したことです。

〆切りを守れる自分になるために

パソコンに向かうとき、人は自分との戦いが始まります。特に個人でされている方は、ついついだらけてしまいがちですよね。時間は経っているのに、作業は全然進んでいない。もちろんお金にもなっていない。焦りますよね。

だけど、肝心の行動が起きない。昔の僕も、このような悩みを抱えていました。そのときに決めたことがあります。

それは、自分に対して、毎月〆切りを決めること。

これだけで取り組みに対してダラダラすることが少しずつ減っていきます。ダラダラ星人の代表でもある僕が体感したことなので、間違いありません。

〆切りを作る上で、簡単にできることをお話しますね。あなたは、普段パソコンでメール機能を使うときは、何を使っていますか？　もしも、グーグルが提供しているGメールを利用されていないのでしたら、Gメールを活用しましょう（無料です）。

他のメールソフトを使っている人も、これから新規で作成するGメールに転送をかけることもできますので、大丈夫です。こちらは設定が必要なので、「Gメール＋転送」などで検索をしてみてくださいね。

新規でアカウントを取得すると、同時に「グーグルカレンダー」と、「TO-DOリスト」というものも使えるようになります。このグーグルカレンダーの中に、あなたの一カ月の作業スケジュールを大枠で決めた上で、一週間単位で終わらせる〆切り日を作成していきましょう。一週間の各曜日の中に、今日は何をやるのかを明記することができます（内容は同じで構いません）。

グーグルカレンダーには、アラーム機能がありますので、さぼってパソコンでネットサーフィンをしていても、画面が切り替わってお知らせをしてくれます。スマホでの連動も可能ですので、アラームのお知らせをすることもできます。

詳しくは特典の中で、動画を作成しましたので、そちらをご覧ください。

最初のうちは、その日のＴＯ-ＤＯが、すべてできなくても焦らなくて大丈夫です。人は怠ける癖があります。自分に対しての意識付けを、毎日、毎日、確認することで、無意識の中で少しずつ変わっていきます。いつの間にか、他のこともテキパキと動けるようになりますよ。

思っている以上に、ＴＯ-ＤＯリストの作成効果は絶大です。

これはサラリーマンをしながら、ネットの勉強や実践をしてきた僕自身が本当に痛感してき

便利なツールを活用しよう！

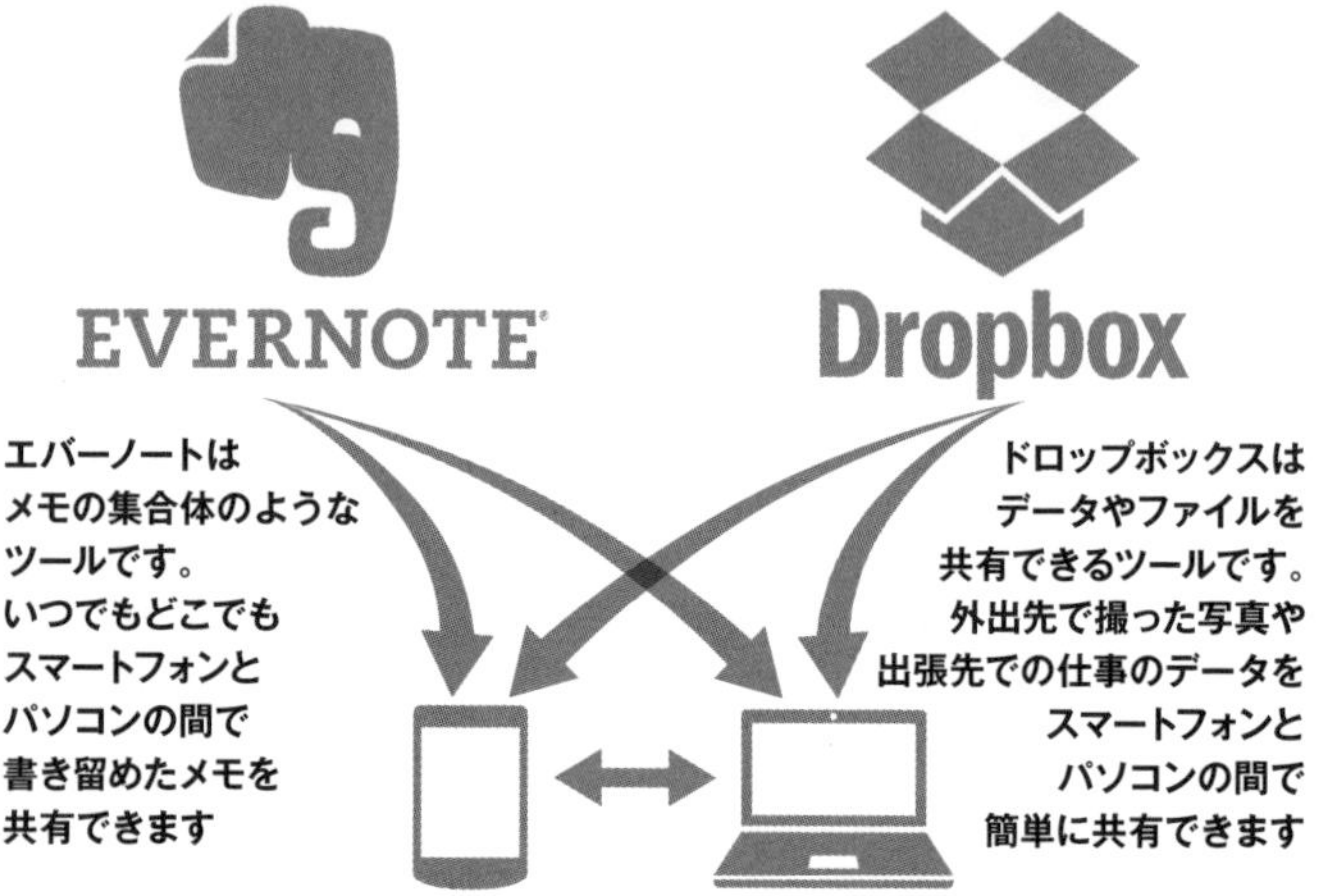
EVERNOTE
Dropbox
エバーノートは
メモの集合体のような
ツールです。
いつでもどこでも
スマートフォンと
パソコンの間で
書き留めたメモを
共有できます
ドロップボックスは
データやファイルを
共有できるツールです。
外出先で撮った写真や
出張先での仕事のデータを
スマートフォンと
パソコンの間で
簡単に共有できます

たことですので、騙されたつもりでやってみてくださいね。

自分なりにですが、ＴＯ‐ＤＯを続けたからこそ、サラリーマンとして一五年間やってきた僕の「雇われ脳」は、少しずつ「社長脳」に変わり出しました。そういうふうになっている感覚を、今も鮮明に覚えています。

日常の仕事に対しても視野が広がり、物事に対する考え方も変わりました。企画力も向上できましたので、ＴＯ‐ＤＯリストを作ることで、自分の心とも真っ直ぐ向き合えました。

「自分で自分を雇用する」という感覚を、ＴＯ‐ＤＯから身に付けていくことが大切です。

時間軸で考えるとうまくいく

ＴＯ‐ＤＯリストを作成して、自分の中に〆切り日を設けることはわかった。ただ、「そうはいっても、なかなか時間が作れない……」という現実がありますよね。

僕も接客と営業に、一五年間携わってきましたので、接客業のときは、朝から深夜二四時を超えることもザラにありました。

営業のときは、お客さまからのクレームが起こると、得意先のために商品の手配などにも時間を要するので、自分が組んでいた一日のスケジュールが大幅に変わってしまい、当然ですが、帰宅時間もバラバラでした。

はじめの頃は、やる気がみなぎっているので、毎日のＴＯ‐ＤＯに対して、時間が掛かっても、多少寝不足になっても、全部やりきるのですが、これだと高い確率で続きません（経験済み）無理をして続けても習慣化しません。

昔の僕のやり方を例にすると、「今日のTO-DOは、Aと、Bと、Cだな。よし！　まずはAを終わらせて、Cに取り掛かり、最後にBだな」こんな感じで、その日のTO-DOが終わるまで気合でやっていました。やり終えるのですが「あ〜、もっと時間があればな〜」「休みがもう少し多ければな〜」が口癖でした。

しかし、そうは言っても「時間」は平等なので、その中で知恵を絞り、自分で時間を作るしかありません。

そんな中でサラリーマンだった僕が生み出したのが、「時間軸で作業を行う」というシンプルなやり方です。

以前の僕のやり方は、一つずつ全部終わらせようとしていますよね。ここに大きな落とし穴があります。

ポイントは、たとえAが終わらなくても、時間で区切って、Bの作業に取り掛かることだったんです。そして、Bが終わらなくても、時間で区切って、Cの作業に取り掛かります。

時間軸で区切ることで、日々の作業を習慣化させていくと、自分が気づかないうちに、どんどん作業が速くなっていくので、追加で別の作業を取り入れることができるぐらい時間にも余裕が生まれ始めます。一日一時間でも構いません。

まずは〆切りに向かって、時間軸を大事にしながら習慣化させていきましょう。

習慣化を安定させるためのコツとしては、忙しいときの時間軸と、通常の時間軸を二つ作っておくことです。そうすることで、モチベーションを下げずに頑張れます。

自分には無理だと、すぐに結果を決めつけてしまう方が多いのですが、自分に落とし込むことで、あとから結果はついてきます。

少しずつでもコツコツとやってみませんか？　たとえ、あなたが大企業の社長や、著名人じゃなくても、インターネットの力を借りながら一つ一つ積み上げていくと、必ず一番になれる隙間がありますので大丈夫です。

ちょっとしたテクニックをお伝えさせていただきましたが、僕と本田の「感動集客」が動き出したのには、テクニック以上の大きな理由があります。それは、等身大の「僕自身」の考え方が変わったことから始まりました。

自分のことばかり考えていた一五年間

僕は独立する前まで、一五年間サラリーマンをしていました。サラリーマン時代に学んできたさまざまな経験は、今となっては僕の誇りです。

しかし当時は、サラリーマン気質というか、自分のことばかりを中心に物事を考え、とくに自分の人生に大した問題意識を持つこともなく、周りに原因があると、一〇〇％「雇われ脳」で働いていました。

いまいちサラリーマンとしての自分に誇りを持てず、「このままでいいのか？」と毎日葛藤していた時期が続きました。もっと成長したいのに今の自分が変われないのは、ずっと周りの環境のせいだと思っていました。いつも理想だけを追いかけていた気がします。

自分がうまくいかないのは環境や相手のせい
自分が幸せを感じることができないのも環境や相手のせい

何を得たら、人は幸せだと言えるのだろうか？

何で満たされれば、自分は幸せになれるのか？

お金か？　名誉か？　異性か？


行動を起こすことや、継続することができない自分がいることを、頭ではわかっていても、心が素直にそれらを認めきれず、許すこともできません、今思えば、ただ周りや環境のせいにすることで、自分ができないことをうまく肯定しながら、誤魔化していたのだと思います。

地に足がついておらず、自分の軸ができていなかった僕は、本来なら真っ直ぐ受け取ることで学ばないといけない出来事からも逃げてきたので、いろいろなものをたくさん失いました。

落ちる所まで落ちたかもと思った時期もあります。


いろいろなことがあったのですが、「生き方」を変えなきゃと心から痛感したのは、一年間で交通事故に六回も遭ってしまったことでした。一年で六回ですからね……。

天国にいるご先祖さんたちが、僕に何かを知らせていると、心の底から感じさせられた一年でした。

六回も事故に遭ったのに、幸い大きな怪我もない自分……。

「きっと、今、僕は自分を見つめ直さないといけないときなんだ」と心が悟りました。

感謝と読書が運命を変えた

マイナスからのスタートでしたが、僕はまずゼロを目指すことから始めることにしました。

しかし、ゼロに戻すための方法なんてわかりませんので、とにかく一つ一つの出来事に対して、「ありがとう」の気持ちを持って日常と向き合うことから始めました。

おかしな話ですが「ゼロに戻るための、ありがとうポイントを貯めていこう」と言い聞かせ、何にでも感謝するようにしたんです。普通は自分の口から発する言葉を変えるのが定説ですが、ネットに携わっている僕は、インターネットで発信する言葉も、日常に合わせて変えていったんですね。

いい言葉や人を元気にする言葉を書き続けていくうちに気持ちがついてくるようになり、どう表現したらいいのか難しいのですが、仕事でいえば、自分軸の「雇われ脳」から脱却し、少しずつではありますが、会社のことを考え、誰かのために、がんばれる自分になっているような感じがしました。

これが不思議なもので、これまでまったく見えていなかった、周りに対する感謝の気持ちが、フツフツと沸いてくるようになって、相手と綱引きを繰り返していた自分が、いつの間にか調和を目指す自分になっていました。

その日常の中に取り入れた、もう一つの方法があります。

自分を成長させるために、とっても効果のある方法。それは「本を読む」ことです。

僕のクライアントさんにも、日頃から一冊でもいいので本を読むことをオススメしています。

余談ですが、僕は、**「本なんか読んで人生が変わるなら、誰も苦労しないよ」**と、誰よりも先に言ってしまう側の人間でした。

「そもそも、忙しくて本を読む時間なんてない」と強く否定していた人間だったのですが、本を読むことによって、心の視野が広がり、新しい考え方が身につき、自分が成長するために変わっていくことを実感しています。


僕たちは日常の中で、誰と一番会話をしているのかと言うと「自分自身」です。本を読むことで、偉人がくれた言葉や考え方が、潜在意識の中で強くなり、心のステージが上がることで行動も変わっていきます。


そして、だからこそ、今までとは違った新しい出逢いやステージが生まれていくのです。本当に信じられないのですが、僕もありがたいことに、ある一冊の本がキッカケで、人生を変える素晴らしい出逢いや繋がりを体験することができました。

本は、インターネットと同じで、そのぐらい凄まじい力を秘めていると思います。

時は少し遡って、今から約三年前のお話になります。

当時、仕事のストレスから胃潰瘍になってしまい、病院通いをしていた流れで、普段は立ち寄らない病院の隣にある本屋さんに、ふらっと入ったときのことです。

いろいろと本を眺めて立ち読みしていたのですが、今の自分の心境にピタリとはまる本がなくて、もう帰ろうと振り向いた視線の先に、一冊だけ残っていた白い本に目が留まります。

本のタイトルは、『感動の条件』

この瞬間から、僕の人生が変わり始めていることを、当時の僕は知る由もありませんでした。

僕の人生を変えた「フォーユー」という考え方

『感動の条件』の著者である永松茂久さんは、九州の福岡を中心に、『陽なた家』『夢天までとどけ』『博多磯吉』などの飲食店経営をベースに、出版事業、講演事業、人財育成事業と様々な事業をこなす実業家です。
永松さんが『感動の条件』を通じて教えてくれたのは、「フォーユー」という生き方でした。
この「フォーユー」を簡単に説明すると、「利他の精神」、つまり、自分の大切な誰かのことを想い、そして行動するという考え方です。
『感動の条件』の冒頭にこんな言葉があります。

あなたには大切にしたい誰かがいますか？

その人は笑ってくれていますか？

その人を幸せにするために、あなたは命をどう使いますか？

自分を犠牲にしているところがあるのに、気づかないふりをしながら、がむしゃらに走り続けてきた僕は、いつのまにか人生の迷路に迷い込んでいたことに気がつきました。

そんな当時の僕がどうしても知りたかったことが、永松さんの言葉を通じて、とてもわかりやすく書かれていて、家に帰って読むつもりが、車の中で全部を読んでしまいました。

車の中で、感動して、自分のことを言われている気がして泣き崩れました。もう五〇回以上読み込んだので、今では本がシワシワになっています。

自分のためだけではなく、大切な誰かを思うとき、人は必ず強くなることができる。これが「フォーユー」が起こす人間本来の力です。

自己犠牲はつきものだと思っていた僕でしたが、ベストを尽くすことが大事なんだということを学びました。その中で、フォーユーの実践を続けることでわかったことは、誰かのために、自分のベストでがんばっていると、どんな形であれ、いつか必ず自分に返ってくるということです。

誰かのためにがんばることを、偽善的だと否定される人がいますが、僕はそうじゃないと思っています。自分の生き方のベースが、私利私欲なのか、他利私欲なのかの違いなんです。

そういうふうに行動を起こせるようになったのも、著書の中で永松さん自身が、自分はフォーユーではなくフォーミーな人間だと言われていることでした。

人は、誰しもがフォーユーと、フォーミーの両方の心を持っていて、フォーミーな自分がいることを認めることからすべては始まる。

そして**「フォーミーな自分だけど、ちょっとでも人の役に立てるようにフォーユーを目指してみよう」**と思うだけでいい。この言葉で、僕はすごく心を救われました。

ベースは間違っていない。**ただ、自分の中で、うまくバランスが取れていなかったんだと学ばせてもらいました。**

この感動した出来事を、その日のうちに、自分のメルマガ読者さんにどうしても伝えたいと思った僕は、この日の出来事を、感情むき出しで、読者の皆さんに向けて伝えました。

そこからありがたいことに、僕のメルマガを通じて、『感動の条件』が八〇〇冊ぐらい紹介できたころ、運命の出逢いが突然やってきたのです。

永松茂久さんとの出逢い

「弊社の代表の永松が、ぜひ会いたいと言っているのですが、ご都合がつく日はありますか？」

ある日、永松さんの事務局長をされている、青木一弘さんという方から一通のメールが、僕のパソコンに届きました。

「いやいや、著者さんから、直接の連絡なんてあるはずがないでしょ」と思いながらも、自分の連絡先とスケジュールを伝えた数日後、仕事の会議中に、知らない番号から電話が鳴りました。まさかな……と思いながら、電話を取ってみると、何と永松さん本人だったのです。本当に驚きました。突然だったので、正直なところ、何を話したのかまったく覚えていないのですが、「本を広めてくれたお礼がしたいから」と、永松さんが経営する、福岡市にある居酒屋

『大名陽なた家』に、お誘いいただきました。

仕事をバタバタと片付けて、『大名陽なた家』に向かうと、準備中の店内で、ミーティングをしている永松さんが笑顔で出迎えてくれました。

緊張でガチガチになってしまっている僕は、お店に呼んでいただいたお礼を伝えながら名刺を渡すと、永松さんは、僕の顔と名刺を見ながら、

「正寿くんか。呼びにくいから『まーとん』でいいよね」

とニコニコしながら言ってくれました。

「は、はいっ」

いきなりふわっとした感じで、永松さんは接してくださいました。

「泣き崩れて読んだ『感動の条件』の著者が目の前にいる」と、ドキドキしていたのですが、永松さんの飾らない優しさのおかげで、時間の経過と共に、リラックスしてきた僕は、永松さんと、これまでのこと、これからのことを、たくさん話すことができました。

それから、ご一緒させていただく機会も増えたのですが、ある日、永松さんと僕と、「感動集客」の常務である本田の三人で食事をしていたときに教えてくれた学びがあります。

サラリーマンから独立して、「感動集客」を本格的な始動に向けて準備をしていた、当時の僕らにとって、このときに永松さんが教えてくれたことが、今の僕らと「感動集客」の基盤になっています。リアルの仕事も、インターネットの仕事も、目の前にいるのは人だということを……。

感動集客の本当の意味

「まーとん、二人がこれから始める『感動集客』だけどさ、本当に良いテーマだと思うな。なぜかというと、本来、共感や感動しないと、人は集まらないようにできてるんだよ。人は集めるんじゃなくて、魅力があれば集まるようになってるから」

生ビールをくっと飲んで永松さんは続けました。

「おれは、ネットのことはよくわからないけど、お店でも、インターネットでも、基本は同じだと思うよ。でね、フォーユーを仕事に活かしていくにあたって、大切なことがある。それは

『非効率を追求する』ってこと」

「えっ、効率ではなくて、非効率ですか？」

「効率化は大事だよな。よく商売では効率化を意識するよね。どうやったらコストダウンができるのか、どうやったら効率よく集客ができるのかって。例えば俺たちみたいに居酒屋だったら、ビールを一秒でも早く持っていくとか、料理レシピを工夫するとかさ。もちろん、それは大切なことなんだけど、**効率化で生まれることは、『不満の解消』**なんだよね。とりあえず文句を言われない状態に持っていくのが効率化。でも、もっと大切なことが、さっき伝えた非効率化だよ」

「永松さん、すみません。もう少し、具体的に話していただけると…」

「あっ、ごめんな。非効率化って**『お客さんに喜んでもらうために全力を尽くす』**という気持ちのこと。普段から、そう考えていくと、もっと笑顔でいようとか、元気を出して接客しようとか、自然と相手に対する行動が変わってくるんだよ」

永松さんが経営する『陽なた家』では、他店舗よりも、何倍も多いバースデーイベントが、毎日のように行われています。しかも、来店してサプライズを見て感動したお客さまをはじめ、実際に体験したご本人の口コミだけです。その数は、なんと年間三〇〇〇件。

その瞬間はお客様のためだけに使うので、お店のドリンクも料理もストップ。ものすごく、非効率なイベントではありますが、お客さまはとても喜んでくれています。中には感動で言葉につまり、涙している人もいます。

ちなみに、僕もお店でサプライズを受けたのですが、ポロポロと泣いてしまいました。

「まーとん、感動するとな、人ってどうなるかっていうと、誰かに話したくなる。つまり、口コミが起こるんだよ」

「感動の設計ですね。それって、最初からわかってやっていたのですか？」

「ううん、喜んでもらうことをやっていたら、いつの間にか広がってね、その中で気がついたんだよ。『**人って、感動してくれると伝えてくれるんだ**』って。喜んでくれると、自分たちもうれしいし、こんなに素敵なことはないよな。実際は『感動させよう』と気を張ってやってるわけじゃないよ。ただ嬉しくてな、やってるうちに、はまった感じかな。理論は後付けだよ」

永松さんは、さらっと「理論は後付け」だとおっしゃっていましたが、インターネット集客の場合も同じで、理論を優先して土台作りができない方を、僕はたくさん見てきたので、永松さんの言葉が僕の心の中に深く染み込んでいきました。

「自分の基礎となる部分をおろそかにしてはダメなんですよね」

「うん、そうだね。自分たちの軸をしっかり持って仕事をしているとさ、お店の中で、喜んでくれた人たちが、フェイスブックや、自分のブログでお店のことを自然と紹介してくれてね。こっちがいつも驚かされる。本当にありがたいよ。そんな中でいつものように仕事をしていると、リピーターの方が、新しいお客さまを連れてきてくれてね。リピートと紹介が同時に起きるんだ。フォーユーが起こす力ってすごいよね」

「確かに、自然とそういう流れが生まれますよね」

「うん。確実にそうなるよ。だからな、まーとん。突き詰めて言うとね、**非効率を追求することが、最大の効率化になるってことだよ。**感動したい人は、感動させてくれる人の元に集まるよ。だから、**『感動を生み出す人』になるだけで、まーとんの人生も、商売も、絶対に上手くいくよ。**お互い、自分の基礎を大事にしてがんばろうな」

愚直に非効率を追求しながらやってきた方の言葉は、本当に深い。なによりも、言葉ひとつひとつに重みと力がある。心の中でそう思いながら、手帳にメモをしていました。

「まーとん、もう少し話をしていいかな？」

「あ、はいっ。もちろん続けてください」

メモをしていた僕はあわてて答えました。

「非効率って、手間もかかって大変だから競争相手が少ない。面倒だから誰もやらない。だから、先に非効率を追及してやった人の勝ちってことになるよね」

その通りだ。僕がネット集客で伝えたいことも、そこなんだ。

「これから二人がやろうとしている『感動集客』も、話を聞かせてもらったら、すごい非効率なことだよな。自分たちの棚卸をして、お客さまが望んでいることを調べて、それに対して自分のできることを全力で提供する。インターネットの世界は、どうしても感情が入りづらいと思うけど、**フォーユーの気持ちを持って『感動集客』に取り組んだら、歯車は動きだすよ。実際な、リアルも、インターネットも、やるべきことは同じなんだよ。**うまくいくのって、そんなに難しいことじゃないよ。相手の気持ちを意識して動けばいいんだよ。人って理屈ではなく、感情で行動する生き物だからね」

このとき、確信しました。僕と本田が、いつもクライアントさんにお話していることは間違っていないと。自信を持って、根本的な所から見直しながら、お客さまのお手伝いを自分のベストを尽くしてがんばっていこうと。

クライアントさんが、喜んでくれている姿を考えると、ワクワクが止まらなくなり、思わずにやけてしまいました。そんな僕をみて、永松さんはいつものように笑顔でこう言いました。

「さぁ、未来に向かって、今日は飲もう。『感動集客』の船出を祝して乾杯」

こうして、これまでいろいろなことを教えてくれた永松さんには、心の底から感謝しています。僕が独立を決意する基礎ベースを作ってくれたのは、永松さんが目指しているフォーユーな生き方でした。

『感動の条件』と出逢って、もうすぐ三年になります。あのとき、本の中で、永松さんが語ってくれた言葉は、僕に勇気と希望を与えてくれました。

独立してからは、ありがたいことに東京で仕事をする機会も増えたので、本田と共に永松さんの所に通い、マンツーマンでいろいろなことを教えてもらっています。これからも、永松さんが教えてくれたことを自分たちの軸にして、「感動集客」を通じてお手伝いをしていきたいと思います。

あなたがメディアになる時代のはじまり

最後にお伝えしたいことは、今の時代は、**ネット上のあなたと、リアルな世界のあなたが限りなくイコールであることの大切さ**です。

例えば、これから出会う誰かが、あなたのホームページやブログを先に見た後に、実際のあなたや、あなたのお店と出会ったときの印象や、価値観が、あまりにもかけ離れ過ぎていたら、あなたのホームページやブログにアクセスをしてくれる機会は確実に減ります。

あなたのホームページやブログを見るのも、あなたが実際に会うのも「人」です。

一つ一つの出会いを大切にしていけば、心のステージが上がります。そして、今の自分にできることを、精一杯やっていくと、必然的に新しい出会いが増えていきます。

インターネットと自分自身を、まったくの別物と切り離して考えるのではなく、あなたが目の前にいる人と、いつも向き合っているときと同じように、あなたの分身となるホームページやブログも、目の前にいる人と向き合っていないといけません。

どうか、忘れないでください、インターネットを見ているのは「人」です。

だからこそ、感動を生み出すために、はじめは非効率なことから積み上げていくのです。

感動集客を打ち出していくためには、四つの大きな柱が必要です。

一つ目の柱が、ホームページ。

二つ目の柱が、ブログ。

三つ目の柱が、メールマガジン。
四つ目の柱が、ソーシャルメディア。

そして、この四つの柱を支える大きな土台があります。
それは、等身大の「あなた」です。

あなたという土台がしっかりとしていれば、向こう岸にいる相手に橋を作り、自分の所にきてもらうことができます。そして、その道を作ってくれるのは、あなたが大切にしている人たちです。

この道を、どれだけ多くの方が通ってくれるのかは、最初の段階で決まります。

今回は、根本的な部分に焦点を当ててお話させていただきましたが、ひょっとしたら、難しいところもあったかもしれません。補足的な部分は、また、「感動集客」のホームページや、ＦＢページなどを通じて、お役に立てる情報を更新していきます。
お時間があるときに「感動集客」で検索をしてみてください。

最後にもう一度お伝えします。

今はあなたがメディアになれる時代です。

いや、あなたがメディアになっていい時代なのです！

今日から、あなたの感動集客が始まります。

エピローグ

その後の「感動集客」

いつものように仲間との写真を撮った。何気ない日常。

カタカタとパソコンにその状況を書き込んで、今日はフェイスブックにアップしてみた。

「感動集客」を習い始めてもうすぐ三カ月。以前よりも、ネットが楽しい。

久しぶりの投稿なのに「いいね」が、たくさん集まっている。以前だったら、アップしてから三〇分後に、ひとつ「いいね」がつくくらいだったのに。

パソコンの音がなった。

いつもの仲間たちからのコメントだった。お、今日は仕事の依頼がきちゃった。まったく関係ない内容なのに。

最近、少しだけ変わった気がする。それは、

「自分のことを見てくれる人に、何ができるのか？」

を少しだけ意識するようになったということ。


せっかくなら役に立つ本を紹介してみたり、誰かのためになる情報を流してみよう。

そう考えて動き始めたら仲間ができた。そこから、自分だけのビジネスが始まった。


今、思う。仕事も、インターネット集客もすべては同じ。


「相手が自分に対して、何をしてくれるのか？」じゃなくて、

「自分が相手に何ができるのか？」を、

先に考えることが大切。

大切な誰かのために、そして少しだけ自分のために。
今日も誰かのお役に立てますように。

あとがき

永松さんと話しているとき、教えてくれたことがあります。

「まーとんは感謝の気持ちを大切にしているよな。実は感謝って四字熟語だっていうことを知ってるかな。本当は『感恩報謝』といって感謝は恩を報いて成り立つものなんだ」

僕にとっての恩返しをしないといけない人。すぐに両親の顔が浮かびました。今思えばですが、感謝を形に変えることの大切さは、僕が小さい頃から、二人の行動の中にあって、ずっと見せてくれていました。

親が僕を育ててくれた二〇年間の愛情と労力とお金に対して、僕はどれだけの恩を返せたのだろうかと考えたときに、新しい価値観が芽生えた気がしたんです。

あとから後悔しないためにも、さっそく今年から実践しようと決意しました。小さなことですが、自分の誕生日までに三つの恩を返そうと思い、それを仕事の原動力にもしました。一つ目は大型冷蔵庫、二つ目はファミリー携帯、三つ目はオーダーメイドの枕。おかげさまで、自分が掲げていた三つは達成できました。これからも恩返しを精一杯やらせてください！

本当にいつもありがとうございます。


そして、両親以外にも、恩をいただいている、たくさんの人の顔が浮かんできました。


まずは、一緒に「感動集客」をしている本田和彦。実は「感動集客」の名付け親は本田です。しかし、この本の企画が決まったときに「俺よりもまっちゃんが書いた方が伝わるよ」と、背中を押してくれたのが、本田でした。

僕が独立に向けて動き始め、力が入りすぎてしまっていたときに、

「まっちゃんは、まっちゃんのままでいいんだよ。そこを支えるのが俺の仕事でもあるのだから」

と言ってくれたことで、変な力みがなくなり、独立後も僕らしく仕事ができています。彼の

支えがなかったら、今の僕はいません。仕事仲間ではなく、いつまでも僕の親友です。

サラリーマン時代から、僕にネットビジネスで大切なことをすべて教えてくれた大恩人である松原智彦さん。僕が松原さんから学んでいこうと決めたのは、義理・人情・恩返しを大事にする生き方をされていたからでした。

サラリーマンだった僕は、インターネットの仕事関係での知り合いがほとんどいなかったのですが、僕が困ったときに、人をつむいでくれたのも松原さんでした。自分の力ではなく、松原さんの教えがあったからこそ、僕は胸を張って独立ができたと思います。これからも、松原さんの背中を追いかけ続けます。いつもありがとうございます。

そして、僕に「フォーユー」の生き方を教えてくれた、株式会社人財育成ＪＡＰＡＮの永松茂久さんをはじめ、出版教育事業部長の青木一弘さん、デザイナーの井上挙聡さんには、この本の製作にあたり全面的にご協力をいただきました。本当に感謝いたします。

青木さんから「まーとんさん。完成した本を見て、本ちゃんと四人で泣けるくらいがんばりましょうね」と言ってくれてスタートした今回の企画なのですが、青木さんも、井上さんも、本当は、毎日とても忙しいのに、お二人の口から忙しいという言葉は、サポートをしてくれる中で、一度も耳にすることがありませんでした。その姿勢と思いやりの心に、ほんとうに学ばせてもらいました。

この数カ月の中で触れ合ったお二人の行動こそが、本当に「フォーユー」な生き方でした。青木さんと井上さんとだったからこそ、この本が生まれました。今回一緒にお仕事ができて心から良かったと思っています。

感謝ばかりの数カ月でした。本当にありがとうございました。

ＫＫロングセラーズの真船常務、いつも僕と本田をかわいがってくださり本当にありがとうございます。また、真船常務とのお仕事をするキッカケをくれた、『生きていたい』の著者、故岡林卓也さん、奥さまの知加子さんにも心から感謝をしています。

「まっちゃん。自分が正しいと思う生き方を貫いていくとね、自然とそこに仲間が集まってくるよ」といつも笑いながらカッコいい生き方を、僕に見せてくれる（株）水の守り人代表の神谷久志さん・平川取締役、お二人には、人を信じ抜く生き方から生まれる力の偉大さを、いつも教えてもらっています。熊本の菊池を第二の故郷として、これからも本田と共にお役に立てるようにがんばります。これからも宜しくお願いいたします。

「まっちゃん。人には大好きな人を、大好きな人に紹介したくなる法則があるんですよ。人から応援される人って、大好きな人のことを語っている人なんです。だから僕は、まっちゃんを応援します」と素敵な法則を僕に教えてくれた、京都のｉ＆Ｒ株式会社 COMPANY のモリタリョウジさん、いつも本当にありがとうございます。

リアルステージの盛田社長をはじめ、社員の皆さま、焼き肉京都ぐらの岡本店長、スタッフのみなさん、ゆめいろメンバーの皆さん、いつもあたたかい気持ちを、たくさんいただいています。

本ちゃんや、周ちゃんをはじめ、ＫＥＩ、けんさん、釘田康子さん、平川哲也さん、感動集客チームのみんな、まごころファミリーの皆さん、お世話になっているクライアントさま、塾生の皆さん、メルマガの読者の皆さん、昔も今も変わらず、仲良くしてくれる地元の友だち。本当にいつもありがとうございます。

協力してくれた、松原秀和さん、秋元恵美子さん、長沼良和さん、北岡久人さん、黒田浩章さん、村丸香織さん、ありがとうございました。これからもよろしくお願いしますね。

この前まで、普通にサラリーマンをしていた僕が、今日、今、この瞬間、本を通じてあなたと触れ合うことができているのです。本当に想像すらしていませんでした。

最後までお付き合いくださって、本当にありがとうございます。ほんの少しでもお役に立てたのならば幸いです。

素敵な方たちとの出逢いのおかげで、僕の人生は大きく変わりました。

だからこそ、次は、僕がたくさんの学びと気づきを与えてくださった方のお役に立つ番です。

そして、次はきっとあなたの番です。

いつかどこかでお会いできることを願って……。

人は大切な人のためなら本気になれる。

僕はそう信じてこれからも生きていきます。

感動集客　松野正寿

感動集客

平成26年4月1日　初版発行

著　者　松野正寿
発行者　真船美保子
発行所　KK ロングセラーズ
東京都新宿区高田馬場 2-1-2　〒 169-0075
電話（03）3204-5161（代）　振替 00120-7-145737
http://www.kklong.co.jp

印　刷　太陽印刷工業（株）　製　本　（株）難波製本
落丁・乱丁はお取り替えいたします。※定価と発行日はカバーに表示してあります。
ISBN978-4-8454-2315-6　C0030　Printed In Japan 2014